湛庐CHEERS

与最聪明的人共同进化

HERE COMES EVERYBODY

生长

从战略到执行

语嫣 著

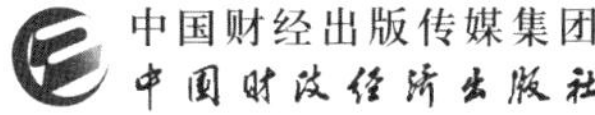

献 词

你问我想要成为什么

多年后我还是想要成为一棵树

灿烂阳光下肆意摇曳

和煦微风中浅吟低唱

当然

狂风暴雨也会来

风雨中稳稳地站着

不后悔不怨尤

不惧艰难，不忘初心

谨以此书献给

我的外婆

你在另一个世界一直看着我

我的女儿

你是我前行的动力

还有各位亲人、朋友

以及十七年来一路同行的阿里巴巴的同事们

尤其是隔离期间给我投喂各种精神食粮

和物质食粮的亲人们

没有你们就没有本书的初稿

感恩此生相遇

彼此照亮

推荐序

一个好企业的生长之路

曾　鸣　阿里巴巴集团前总参谋长，湖畔创业研学中心前教育长

这是一本难得的好书。虽然书的切入点是战略的制定和执行，但语嫣把一个好企业生长过程的方方面面都讲清楚了，很不容易。例如，使命和愿景的关系，战略怎么紧扣客户价值，如何应对不确定性，战略的人事合一，组织保障，文化和价值观的作用等。这篇序言无法也没有必要重复书中精彩的内容。

作为在阿里巴巴集团工作过近二十年的高管，语嫣当然有非常丰富的实战经验。而

且她参与的正式的 EMBA 学习也让她有很好的理论背景。而过去两年，语嫣在湖畔创业研学中心开了七次“战略到执行”工作坊，和几十家公司有过很好的互动。这些也让本书的内容在实战中得到不断的反馈和迭代。所以，这本书很大的优点是，既有很好的理论框架，又很好地融合了实践经验和心得。而且，语嫣尽可能地把自己的感悟用不同的方式在书中做了很好的表达。所以，这本书很适合放在案头，不时地翻一翻，相信每次都会有很好的启发。

祝贺语嫣，也希望有更多这样的好书，能够实实在在地帮到广大创业者和管理人员。

假设公司是一台有着几百个按钮的飞行器，那么它的最终命运就取决于团队是否能适时按对最关键的那几个按钮（战略的执行）——早按、错按、漏按都会受到相应的惩罚。但更残酷的是，即使全部按对，有些飞行器天生也只能飞几米，而有些却是一飞冲天的火箭。《生长：从战略到执行》这本书便可以帮助早期投资者辨别真正的火箭，找到最优秀的机长，陪你一起探索按钮。到目前为止，这本书是我折角、划线最多的一本。

程　杭

虎扑创始人

许多企业负责人都将战略挂在嘴边，一年开几次大大小小的战略会，甚至有些企业还专门设立了战略部门，聘请了战略顾问。殊不知在战略上落入的一些“坑”，反而让企业陷入了困境。洛可可正是在踩“坑”的路上摸爬滚打、边走边学，但终于通过语嫣的《生长：从战略到执行》，将以前踩过的一些“坑”想明白了。战略是一种思考方式，这种思考方式会带着组织去往未来之地。

贾 伟

洛可可（LKK）创新设计集团董事长

受益太多！读语嫣老师这本新书《生长：从战略到执行》之前，感觉学过的很多管理方面的知识，都像是段誉体内互相冲突、时灵时不灵的六脉真气。读完本书之后，这些真气终于被梳理清晰，可以如臂使指、指哪打哪了，获得了一种完整、通透的幸福感。

张 锐

时趣 Social Touch 首席执行官兼创始人

我们究竟要带领企业走向哪里？我们要成为一家什么样的企业？企业的商业模式如何能够得到改变？阅读《生长：从战略到执行》的过程，正是一个对自己企业进行深入反思的过程，希望能够借助这个过程找到企业升级的关键点，能够更上一个台阶。发现问题，认识问题，对问题达成共识，往往是解决问题的开始。

赵鸿飞

中科创达软件股份有限公司董事长

读完《生长：从战略到执行》这本书，我的感受是：战略的锚点是客户价值，牵引力是愿景，源头是创始团队的使命。好的创业是一个“他我”的不断耦合、嵌套的贯通过程。只有内在达到使命、愿景、战略的一致性，才是企业持续增长的动力来源。

李　懿

如果新能源集团（RENOGY）董事长兼首席执行官

从战略到执行：看得见、做得到、赢得了

我在中国科学院研究生院和中欧国际工商学院读硕士的时候，学过各种各样的战略制定方法，有 SWOT 分析法、波特模型等。之后面对实际的战略选择时，我常常会想一个问题：在这个瞬息万变、充满不确定性的数字时代，什么东西是不变的，是能让我们在制定战略的时候更加笃定的？

中国人常讲“大道至简”，“术”会随着环境不断变化，而“道”则是不变的。做商业不变的“道”是什么呢？直觉告诉我，它可能和客户有关……但真的是客户吗？好

像也不是，客户也会随着时间变化。所以，不变的或许是客户这个群体吧，这样一来，我就很想尝试从客户的视角看待战略问题，看看是否能够找到战略中的“道”。

2004 年至今，我在阿里巴巴工作了 18 年。在这 18 年中，让我特别骄傲的事情并不仅是阿里巴巴如今的市值，而是我们的愿景是要做一家好公司。

那么，什么是好公司呢？我们认为，好公司不在于市值多少，也不在于利润或者利润率有多高，而在于服务了多少客户，为他们解决了什么问题，以及创造了什么价值。

在阿里巴巴工作的 18 年，客户的满意成了我们快乐的源泉、鼓励我们前行的原动力。成为好公司的历程，既改变了我们看待世界的角度，也改变了我们和世界相处的方式，进而改变了我们周遭的世界。我们坚信，只要好公司越来越多，或者想成为好公司的公司越来越多，这个世界就会发生一些变化，变得和谐、安定、可持续，而身处其中的每一个人也能感受到这些变化。

做一家好公司离不开合适的战略。本书的核心就是通过锚定客户价值的战略制定，分析如何用战略串联起使命、愿景、价值观、组织、人才、绩效系统，使其形成一个可生长的战略与执行体系，从而达成做一家好公司的目标。

我希望通过《生长：从战略到执行》这本书，不仅能够分享我多年以来在不确定的环境中制定与执行战略的实践里摸索和总结出的“解题”方法，而且能够从个人角度呈现对阿里巴巴管理思想的真实感受和粗浅思考。

本书将围绕“战略的生”“战略的长”以及“战略的人事合一”三个部分展开讲述。

在第一部分“战略的生”中，我将介绍如何制定一个“看得见”未来而又与众不同的战略，会从如何围绕客户价值制定战略开始，深度诠释如何利用曾鸣教授的“战略的极简框架”在不确定环境下“看得见”未来，做出适合自己企业的独特战略选择。

在第二部分“战略的长”中，我想分享在执行战略的过程中，如何实现“做得到”，并让战略不断生长。在这部分中，我首先会结合淘宝战略发展的案例，分享战略如何在实施过程中不断演进。

接着，我会分享战略从制定到落地的框架：如何围绕客户价值生成战略大图，并从战略大图导出年度执行规划，包括从业务模式出发到年度目标的制定、重要事项的确认，以及配套的组织架构、人员配置、绩效落实等规划，从而形成作战地图，以及与之配套的数据看板。

最后，我会分享战略复盘的方法，以确保战略在执行的过程中不断生长。

在第三部分“战略的人事合一”中，我会着重解决战略实施体系中关于人、组织、文化与战略的匹配问题，因为匹配是“赢得了”的关键。在写作本书之初，我只想聚焦战略制定和执行中的那些“事”，后来发现讲战略不讲人，再好的战略规划也不一定能够带来好的结果，所以事和人就像硬币的两面，只有人事合一，才能做到从战略到执行的“赢得了”。

这三部分的内容将组成完整的“从战略到执行”循环（见图 0-1），实现战略的不断生长。

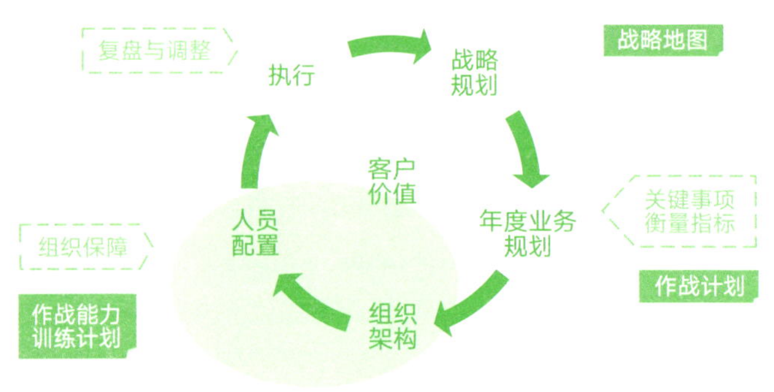

图 0-1 “从战略到执行”循环

战略制定的起点是“未来观”与“独特性”

战略覆盖的时间长度应该为 3～5 年。所以，在战略制定的过程中，我们需要关注战略的“未来观”和“独特性”。

“未来观”是指战略是否具有远见，是否能从未来的视角思考现在。在当前技术驱动各行业剧烈变革、市场变化越来越快的情况下，未来观显得尤为重要。

“独特性”是指该战略与企业情况的契合程度。一般我们很难评判一个战略好或者不好，但是我们知道好的战略首先是适合这家企业的，适合它的发展阶段、能力、资源等情况。深度的战略思考和战略实施的过程，也是将企业面临的战略级问题辨识出来，并付诸实践的过程。

我发现很多企业的战略相当“高深”而又“模棱两可”，所以，我在工作坊上会要求大家完整地描述战略。大家也常常会在这里“卡壳”，说“太难了”。大家之所以卡壳，关键在于一个完整的战略要能回答如下几个关键问题：

- WHO：客户是谁？
- WHAT：我们能为他们提供什么客户价值？这些客户价值有没有独特性？
- HOW：客户价值通过什么方式传递，即业务模式是什么？业务模式如何保持或者增强客户价值的独特性？

3 个步骤，真正从战略到执行

当我们回答了上面的三个问题，就要进入战略的执行过程。战略执行的第一步是制定年度业务规划。

年度业务规划要在战略大图的框架下面找出战略执行的年度关键事项衡量指标，并达成共识。在此基础上制定年度战略实施规划，确定关键事项的负责团队、执行时间表、行进路线图等，我们将这些称为“公司年度作战地图”。

战略执行的第二步是对战略实施的组织保障进行规划。

为了实现战略或者年度规划，其中一个重要工作是对组织架构进行调整。组织架构可以根据战略的不同阶段采取矩阵式或者灵活的小团队方式，甚至创新的生态化组织方式。组织架构的设置需要从战略实施的角度出发，考虑如何释放组织的能量，寻找能够最高效实现战略的组织方式。在数字化的大背景下，组织的边界、形态、合作模式也是一个可以思考和创新的重要方向。

组织保障还有一个重要工作，那就是人员配置：先考虑实现战略所需要的组织能力、人才战略，再对目前公司的人员进行人才盘点。人才盘点建立在人才战略的基础之上，确定在实现战略的过程中，关键岗位、关键组织能力、人才观等人才战略的内容如何构建。我们要比对现有的人员情况得出年度人才规划，再落实到外购（招聘）、内生（培养）的计划中，并制订关键组织能力的生成计划。其中不可忽视的是员工思维的养成，这是文化、绩效、激励等多方面作用的结果。比如，阿里巴巴的人才观屡屡提到“心力”，我理解的心力包含下面三个部分：

- **愿力：** 如何面对目标？是否能够看见？是否能够相信？
- **变力：** 如何面对变化和不确定性？
- **韧力：** 如何面对挫折？什么时候“放而不弃”？

“心力”的建立融合在阿里巴巴的文化、价值观、绩效考核过程之中，其背后的思维模型是成长心理学。成长心理学认为每一个人都可以改变自己，都可以成为更好的自己。这一观点和微软近些年推行的“刷新”变革的理念殊途同归。

人才盘点的后续行动是招聘计划、作战能力训练计划。我个人比较喜欢使用作战能力训练计划而不喜欢用培训计划，前者的目标是让组织获得想要的能力，而不必拘泥于培训这种形式，也可以采用活动、评比、奖项等形式。培训计划很容易变成形式主义的东西，无法达成提升组织能力这一目标。

战略执行的第三步是确定绩效考核方案。

若想确定关键数据指标，我们需要建立关键事项、战略实现路径之间的因果关系数据链条。此外，确定关键的过程指标或者健康指标也是非常重要的。

战略要求我们保持一个为长期未来思考的视角，而不要为了短期数据竭泽而渔，更不要只关注最终的数字指标而忽略了实施过程的健康性。关键过程数据和结果数据都可以形成年度数据看板，可以时刻反映战略实施的进度和质量。

不断复盘与打开自己，才能生长成“自适”的样子

复盘，是战略执行和演进的重要动作。战略不是一蹴而就的事情，需要在制定、执行、复盘这个循环中不断生长。**而生长的关键在于不断复盘，在复盘的过程中把自己逼到墙角。只有诚实地面对自己，才有勇气去面对浮现出的关键问题，走上解决之路，不断生长。**

我们过往就是通过多次的复盘动作，不断地修正和发展战略，从而达成战略的生长。年度的复盘在战略执行中尤为重要，这要求我们既要对过去一年进行复盘，也要对战略进行修正，在此基础之上做出下一年度的规划。

复盘过程中，我们可能会遭遇特别难解决的问题，它会把大家折磨得百转千回，甚至有时候我们感觉离问题的本质已经很近了，但总觉得哪里不对……想尽一切办法自圆其说，是这种情况下最本能的反应，而且“脑力”越好的人越会自圆其说。

我自己身上出现的最典型情况有两种：一种是因为没有一个严丝合缝的逻辑而焦虑；另一种是找到了一个貌似严丝合缝

的逻辑，但是忘记了这个逻辑的很多前提条件都只是假设。

第一种情况曾经困扰我很久，最后成功脱困是由于我不断告诉自己，世界从来不完美，自己和团队也一样，所以也不可能有完美的战略逻辑，那就边做边完善吧。这样一来，内心的焦灼感反而会减轻，当再看待问题和周遭的事物时就多了几分宽容，并且会用发展的眼光去看待它们。

第二种情况不易察觉，但其实挺危险的。我们貌似找到了一个严丝合缝的逻辑，于是开始到处说服别人，自圆其说。看上去，你说服了团队，但是真正执行起来，就会发现事情不太对。遇到这种情况，我总是会提醒自己停下来整理一下思路，反观内心，诚实面对，找出内心深藏的不笃定，将自己认为完美的逻辑清空，然后从不同的视角去考虑问题，也就是“打开”自己。同时，认真倾听团队、客户的声音，重新回到问题的起点进行思考。这往往能够“柳暗花明”。所以，创业者一定要留意自己的状态，适时将自己打开、清空，这样才可以“听见”，才可以从周围不断汲取养分，面对真实的问题，解开被困的难题。

战略需要在一个开放的系统内才会生长，每个参与其中的人都要先成为一个开放系统，尤其在想不清楚的时候，一定要诚实面对自己、面对不完美，而不是找出一个看似严密的逻辑来诠释战略。因为那些看起来无懈可击的战略往往隐藏着问题。

战略通常无法清晰地回答所有问题，也不是滴水不漏的，它是有留白的，需要不断思考、探索和调整。制定战略往往是确定一个大方向，怎么前往，怎么让战略持续生长，需要花很多时间去探寻，只有实践才能回答。

《生长：从战略到执行》这本书首先是分享给各位创业者的，同时我也希望分享给与创业者同行的伙伴们，这样我们就能够在战略和执行的范畴中形成统一的语言体系。我记得我和团队曾经花了很长时间接触客户、用户，去寻找他们之间的差别，最终我们发现比答案更重要的，是在过程中彼此达成共识，形成统一的语言体系。一个团队要走到通过眼神交流就可以互相理解的状态，必然要经历痛苦的争论、探寻，要花很多时间去磨合。

在本书中，我也会提供一些问题清单、讨论流程等，大家可以拿来比对着自己的实际问题进行讨论和思考。

这是我第一次写书，我甚至在用什么风格写作这样的问题上纠结了很久，最后我决定不再纠结，只写自己觉得有用的内容。大家都很忙，我尽量少啰唆，直接分享干货。

这本书肯定是不完美的，但我希望它是一本可以“生长”的书。通过它，我能和大家交流，让它成长成它最好的样子。

一个好战略是如何生长的?

扫码鉴别正版图书
获取您的专属福利

- 战略是公司几年的目标?

  A. 1 ~ 2 年

  B. 2 ~ 4 年

  C. 3 ~ 5 年

  D. 5 ~ 8 年

扫码获取全部测试题及答案,
测一测你是否了解
一个好战略是如何生长的

- 做战略是首席战略官的事，这是对的吗?

  A. 对

  B. 错

- 在公司的人才战略中，谁是第一责任方?

  A. CEO

  B. 业务主管

  C. HR

  D. CFO

扫描左侧二维码查看本书更多测试题

目　录

THRIVING

FROM STRATEGY TO EXECUTION

第一部分

战略的生

锚定客户价值，
做出适合自己的战略选择

部分导语
THRIVING

2020年至今，我在浙江湖畔创业研学中心（以下简称“湖畔创研中心”）开设了很多次“战略到执行”工作坊，与那里的同学有过非常多的沟通和接触。同时，我还在阿里巴巴集团负责和联合国合作的一个项目“帮助非洲和东南亚培训青年创业者”。因此，我有机会经常与各国的创业者、企业家们分享和交流。

在交流的过程中，我常常深受感动。我发现国内外的创业者都怀着梦想而来，他们有求知的热情，有行动的能力，但也会遇到很多相同或者不同的问题。比如，很多人在听完马云老师在湖畔创研中心的“开学第一课”，即关于使命、愿景、价值观、战略、组织、人才、KPI这“阿里七件套”的分享以后，回去立马带着团队寻找并确定自己公司的使命、愿景、价值观；上完组织课后，回去就马上开始约猎头，找阿里、华为的前任HR来做CPO；上完曾鸣教授的战略课后，就开始到处找首席战略官……但是这样行动下来，大多数人总是感觉并不是那么有效：使命、愿景、价值观这些，做了也就做了，但阿里巴巴、华为的前任 HR 并不能马上把组织建设好，高薪请来的首席战略官似乎也不能如预想的那样运筹帷幄。这是怎么回事呢？

原因在于，“从战略到执行”是一个系统，而课堂上的内容却只能一块一块地讲。我在阿里巴巴工作的 18 年，越来越深刻的感受是：这“七件套”其实是企业运营中 7 个需要同时考虑的方面，因为事情不是独立的，它们都是关联的，是一个系统。

很多人有个迷思，那就是：阿里巴巴经常进行组织调整，为什么这样做？大多数情况是因为战略有变化了，旧的队形无法实施新战略了，所以需要重新分工，改变布局，这是外部可以观察到的事情。相对来说，战略的变化却不太容易被完整地观察到，很多时候巨大的组织调整背后往往是巨大的战略调整。

那战略又为什么会调整呢？调整通常在什么时间发生？它是周期性的吗？这些问题没有标准答案。企业调整战略的原因有很多，有可能是外部环境发生了变化，比如竞争格局的改变，甚至是因为某一天创始人一觉醒来发现自己对生命意义有了全新的理解。

我们虽然无法找出所有影响战略的因素，但是从战略的制定到落地执行也是有法可依的。通过参加湖畔创研中心开设的每一次工作坊，总能不断翻越“我不知道你不知道”的山丘，发现大家在从战略到执行过程中的难点、卡点。在不断回顾过往经验的基础上，我总结整理出了一套非常实用的“功法”和“心法”。现在，我就将它们分享给你。

01

使命、愿景、价值观，是战略的根

使命会让我们去做出正确的事，
而不是正确地做事。

愿景除了要足够清晰，
也要足够远，
足够激动人心。

价值观可以保证取得结果的
过程不跑偏。

01 使命、愿景、价值观，是战略的根

战略的根是“七件套”的“上三路”：使命、愿景、价值观。在介绍具体的内容之前，我想先讨论一下“七件套”之间的关系。

使命是一家企业的“志向”，它会引领企业的发展，决定企业的愿景。而使命和愿景，共同决定战略的选择。当战略确定以后，我们就需要与之匹配的组织、人才战略，并为实现这个战略制定激励体系（以 KPI 或者 OKR 为基础的激励手段）。以价值观为代表的文化，则是战略实施的土壤。

在“七件套”中，战略处于核心位置，它是承上启下的关键，向上要与使命、愿景连通，向下要与目标、组织、KPI 协调。而价值观则要支撑战略的实施。

所以，我们说战略脱胎于使命、愿景、价值观。

使命：驱动前行的发动机

我想问你一个问题：企业和团队为什么需要使命？

使命之于个人，会让我们有限的生命更加有意义。那使命之于企业和团队，又意味着什么呢？若想弄清楚这个问题，一定要先回答“我们为什么在一起”，以及“我们在一起世界会有什么不一样”这两个问题。

每个团队都是自带使命的，因为每一个创始人在创立一家公司时，都有自己的想法和目标。使命之于企业，是超出个人需求的东西，比如做这件事情的意义是什么，我们为什么走到一起。使命能够创造凝聚力，让组织的意义超越个体的意义。

也许有人会说，我没有使命，只是为了赚钱。但从本质上说，赚钱也是你定义的自我使命。而如果仅仅把赚钱当作使命，那么我们就会发现它是一个“有限的游戏”，而我们的目标就是赢得游戏。这样的话，会出现一些问题：当历经艰难困苦之后，赚钱的目标虽然实现了，不过由于边际效应递减规律，持续赚钱这件事带来的快感与成就感会逐渐降低。这时，游戏基本上就可以结束了。此时，迷茫会再次涌上心头，我们该何去何从呢？

为了让每一位同侪的内心充满力量，为了让企业可以走得更远，我们需要思考：企业为什么而存在？企业的使命和参与其中的个体的使命如何连接？什么才是真正能够激励团队走得更远的东西？

2004 年入职阿里巴巴之前，我从事的是企业咨询工作。那时，客户会委托我所在的公司做企业文化策划。通常，这项工作的首要任务就是总结使命、愿景。当使命、愿景被客户接纳以后会发生什么呢？通常它们会被打印出来贴在墙上，然后就没有后续了，反正收了钱，我们的工作就算完成了。当时我遇到过一个很讽刺的例子，是所在的咨询公司接到了一个企业文化的项目。到了客户的公司后，该公司的老板说："我们公司想要做世界一流的企业，我们知道人才非常重要，所以要以人为本。"但是当我与同事进入厂区后，发现在广场旗杆下面有一个圈，圈里面站着一个人。当时是夏天，气温非常高。我就很好奇，问那是什么。对方公司的员工告诉我们，那个圈叫"思过圈"——无论谁犯了错误，不管他是什么职级，他的上级都可以要求他到圈里思过。后来我们在该公司的办公区域也发现了很多类似的"思过圈"，这和墙上到处贴着的"以人为本"形成了鲜明的对比。那段时间，很多企业对使命、愿景、企业文化的认识还停留在贴在墙上的阶段，希望 20 年后的今天，我们可以对它们有一个全新的认识。

THRIVING
从战略到执行

让天下没有难做的生意

时间回到 2004 年 3 月 8 日，那是我第一次走进淘宝办公室的日子。当我放眼望去，看到墙上赫然贴着“让天下没有难做的生意”，还有“让天下没有卖不出去的宝贝，让天下没有买不到的宝贝”的标语时，不禁倒吸了一口凉气。而且，心里还有一点后悔，责怪自己为什么面试的时候没有到办公区看看（见图 1-1）。

图 1-1 淘宝当时的办公区

就在我入职 3 个月的时候，杭州当地的电视台来到公司，说他们做了一期节目，采访的对象是一群患有重症肌无力的人。这些患者想来淘宝参观，为什么呢？编导介绍，这些人今天睡着了不知道明天能不能醒过来，他们常常在一个论坛上讨论病情，互相鼓励，并给自己的群体取名“V 乐一族”。后来，大家决定要想办法有尊严地走过人生的最后一段，自食其力，不能在家等死。于是他们在淘宝上开了小店，卖正版光盘。虽然生意一般，但每一个光顾的人都让他们感受到了自己生命的价值。他们很感激淘宝能够提供这样的平台，因此特别想来参观一下。来公司参观的是那家小店的几个客服（见图 1-2），他们坐在轮椅上，手臂和腿都不能动。其中一位告诉我们：“每个人的生命都是有价值的，你们淘宝给了我们这样一群人实现价值的地方，所以这是极其有意义的事情，你们一定要努力做下去！”

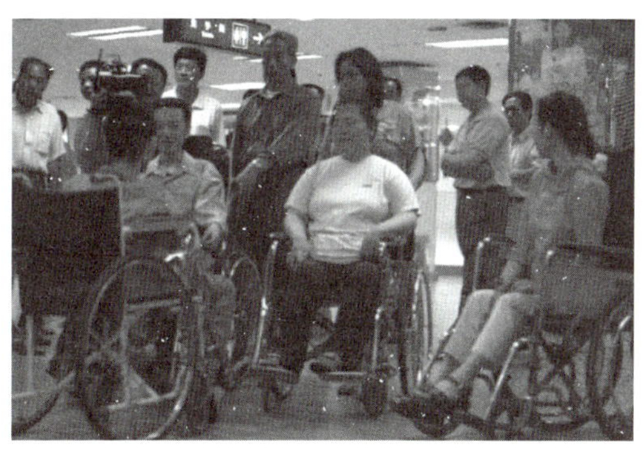

图 1-2 “V 乐一族”参观淘宝

在最后播出的节目中，当我们看到他用嘴叼着汉王手写笔，转动着头在手写板上艰难地回答着买家的每一个问题时，所有在场的人都哭了。那个画面非常震撼，让我们

> 觉得自己不努力是没有任何理由的。当时我内心最深刻的感受是，这不仅仅是一份工作，而是我们真正在做着“让天下没有难做的生意”这件事，我们提供了一个平等的机会，让所有人能够依靠自己的努力去获得生而为人的尊严。

当然，前行的过程依然迷雾重重，充满了荆棘和考验，每一个艰难时刻，我总能想起“V乐一族”、周丽红、丁红玉……一张张脸庞，让我们深深感受到被他们需要着，感受到自己做的每一件事都是有意义的。渐渐地，工作的意义超越了养家糊口，变得非同寻常，我的生命也因此变得不一样。

在做业务的过程中，我们总是会面临很多艰难的抉择，使命会让我们去做出正确的事，而不是正确地做事，只考虑完成数字指标。

我在负责淘宝运营的初期，团队里有一个小组专门负责淘宝门户的运营，那时候其他小组的考核内容很明确，即交易额，而门户的考核指标是页面浏览量（Page View，PV）。为了完成任务，他们竭尽所能用各种方法增加点击量和翻页量，甚至利用一些博人眼球的手段。一开始，数据是很好看的，但马上就有员工提出疑问：我们到底需要什么样的内容？是不是只要完成数字目标就可以了？这样做是不是有违我们的使命？结果，大家激烈讨论了很长时间，达成了共识：与消费无关的PV不是我们想要的，打擦边球的做法更是要杜绝，因为这些都不是我们真正的使命。

我们是非常幸运的，因为在公司成立之初我们就有一个非常明确的使命，它让我们超越了个人和小团队的利益，在面临艰难抉择的时候去做正确的事情，而不是容易的事情。这也让我们的团队更有温度与凝聚力（见图 1-3）。

图 1-3　2005 年除夕没有回家的淘宝团队，吃着盒饭依然很开心

我想，每一个 CEO 都希望团队这样看待任务：守土有责，使命必达。所以，只有告诉团队“使命是什么”，用使命建立与每个参与者之间的关联和共鸣，才会拥有这种由使命驱动的团队。

就像上文提到的一样，当员工看到“创建一流企业”“成为行业领头羊”等标语之后会怎么想呢？这和他们有什么关系吗？他们真的会被这样的使命、愿景所驱动吗？

能够与员工产生关联，引起共鸣和自豪感的使命，必然也能够连接社会和伙伴。这个使命所描述的事情，肯定能让听见的人认同、心潮澎湃，并且愿意为之付出所有的努力。这些努力，很大程度上是让每一个员工不断超越自己的边界，成为更好的自己。我就是一个典型的例子。

> 我从小学习成绩不错，但是非常排斥管人。选择咨询公司工作也是因为每个伙伴都足够专业，都是某一个领域的资深人士，每个人的自驱力都很强，不太需要管理，更不用担心他的成长。
>
> 等进入淘宝之后，就面临要管理团队的问题，而且这一挑战比其他地方更大。面试时，当时负责人力资源的彭蕾问我："如果给你一个非常不专业的团队，你会怎么办？"我那时回杭州心切，就说："没事，我以前做过老师，我可以教他们。"我本以为这是个常规的面试问题，没想到入职淘宝市场部后，却是实实在在面临的问题：团队成员的背景非常杂，有做员工关系的，有淘宝卖家，还有播音员、电视台编导……就是没有专业的市场人员。当时的CEO告诉我："你的责任是让团队成长，要给每个人做教练计划，还要随时检查进度。"如果要问当时为什么没有临阵脱逃，那是因为觉得这家公司做的事情很有趣，所以才硬着头皮去做。
>
> 2004年，杭州电力整体供应不足，进入夏季就开始限电，不让用空调，而这时候又赶上我们开始

“996”：从7月到9月，每星期工作6天，从早上9点到晚上9点。每天晚上7点钟，在吃完著名的“红草莓盒饭”以及合作伙伴都下班后，我们就早早抢占在电梯间的桌子——当时我们的办公空间紧张，会议只能在办公楼的公共空间开，而电梯间是最重要的区域。我们坐在电梯间讨论、复盘这一天每个人的收获和思考。3个月坚持下来，每个人都从小白变成了身经百战的专家。我们这个团队在和eBay的市场遭遇战上，越战越勇，后来就成了江湖上传说的“淘宝市场天团”（见图1-4）。现在，这些人中，后来出去创业的都做得不错，留在公司的也都承担了重要职责。在这个过程中，我也获得了滋养，学会了如何成为教练，如何看见人心。

图1-4　当年的“淘宝市场天团”

过去 18 年中，我大部分时间每天都是晚上 12 点以后睡觉。做一线业务压力巨大，也多次想要放弃。而这个时候给我提供力量的唯有使命，只有强大的使命驱动的力量才会让每一个普通人愿意跨出舒适区，全力以赴去改变自己，成为更好的自己。

愿景：你要成为什么样的公司

愿景需要回答的问题是：我是谁？我要去哪里？

首先，愿景是对公司的定义，也就是公司的样貌，比如阿里巴巴的愿景也曾包括“要成为数据分享第一平台”，之后还曾包括“要成为最佳雇主”等。愿景是随着时间的变化而定期更新的。

其次，愿景通常会包含未来 5 ～ 10 年的清晰目标，需要描述我们要一步步成为一家什么样的公司，可以是业务上的，也可以是其他关于公司样貌的。这有点像我们国家的“第一个五年计划”“第二个五年计划”……愿景会指出为了完成使命，我们未来 5 年要向哪里走，以及未来 5 ～ 10 年的长期目标是什么。

愿景除了要足够清晰，也要足够长远，足够激动人心。

使命和愿景的本质区别

使命和愿景很容易混淆，想要分清它们，就得知道两者其实是从不同的视角去描述我们对企业的定义的。

使命通常是指我们要给这个社会或者整个世界提供什么。也就是这个世界因为有我们这样一群人，会有什么变化，有什么不同。使命是要建立我们跟这个世界、跟我们客户之间的关联。

愿景是关于企业自身的，即我们要成为什么样的企业，以及想要实现使命，我们要用什么样的手段，或者呈现什么样的样貌。

使命对应他人视角，愿景对应自身视角。

价值观：自上而下的行为准则

我一直认为“价值观”这三个字不是非常准确。它源于英文 Values，确切地讲是价值观念或者是价值选择，因为简化成“价值观”三个字，中国人自然就会联想到道德层面，有了好坏之分。

事实上，企业的价值观更像是一种“行为准则”，它是企

业中所有员工在面对问题的时候一致的价值选择：没有对错，只是选择。

价值观最基础的功能很像交通规则，大陆法系规定右侧行驶，海洋法系规定左侧行驶，两个法系都选择红灯停、绿灯行。这些选择本身是没有对错的，但是一旦大家达成共识，交通就会很顺畅，一旦有人不遵守，交通秩序就会出问题。价值观，即价值选择，也是一样的道理：建立公认的规则，可以让企业运行得更顺畅、更高效。

除此之外，价值观还需要回答另一个层面的问题：当遇到冲突的时候我们是怎么选择的？我们在公司这个场域里面达成的共识是什么？这里面可以包含团队、公司等很多层面，比如谷歌的“不作恶”就是公司层面的价值主张。

我在中欧国际工商学院读 EMBA 时经常被教授叫上去发言，结束时总有同学跑过来跟我说，我们班的某某某也来自阿里，为什么你们说的话都是一模一样的，是被洗脑了吗？我也经常在想，我们为什么会给大家这样的感觉。大概背后的原因是，在阿里巴巴工作时间长了，思维逻辑背后的价值选择趋于一致，就带出了鲜明的特征，也就是所谓的“阿里味”吧。

在阿里巴巴，我们价值观的第一条是“客户第一”，这条价值观对业务的影响非常深远。尤其在业务判断这个层面，大家会集体选择客户第一，遇到争论的时候也以它为衡量标准。

数字考核保证结果，价值观保证取得结果的过程不跑偏，这是价值观在阿里巴巴运营过程中起到的另一个巨大的作用。

THRIVING
从战略到执行

阿里旺旺诞生的故事

在加入淘宝后不久，我就经历了一场非常胶着的讨论：要不要在网站上加入一个即时聊天工具，也就是后来的阿里旺旺。

当时电子商务领域最成功的商业模式是美国的eBay，它的盈利模式简单来说就是对每一笔在其网站上完成的交易收取佣金。为了能够收到佣金，eBay用了各种方法阻止买家和卖家直接交易，其中就包含屏蔽留言中的电话号码，更别说提供极其便捷的即时通信工具了。在加入淘宝之前，我常常在eBay易趣上买东西，有一次想给我女儿买一个机器人玩具。因为有一些问题想要咨询卖家，所以只能在商品页面下方留言，然后等待卖家回复。这种沟通方式效率极低，因为留言之后只能不断地登录网站，查看卖家是否回复。要想沟通效率高一些，就要把自己的电话号码写在留言区，等卖家主动联系。结果几天过去了，我也没有接到卖家的电话，回去一看，我的电话号码被屏蔽了。当时，我想用汉字再留一次，结果刷新一下也被屏蔽了。我发现别的买家都是用中文同音字留的电话号码，用这个方式，我终于和卖家取得了联系，买到了玩具。

2004 年夏天，淘宝的产品部门提出想在网页上加入一个即时聊天工具，让买家卖家迅速沟通，完成交易。这个提议马上就遭到了强烈的反对，因为这不符合当时最成功的商业模式，我们可能永远赚不到钱，收不到交易佣金。同时，还有一个和员工个人利益更加冲突的地方。当时，整个公司的 KPI 是商品在线交易额（Gross Merchandise Volume，GMV），那时在线交易方式接受度很低，买家更喜欢"一手交钱，一手交货"的交易方式，方便的在线沟通工具会让本来占比就不高的在线交易变成见面交易，从而造成很多在线交易的流失。这个产品不反客户，但反 KPI。

这样一个产品到底要不要上线呢？老实说，所有人都很纠结。最后有同事跳出来说我们不是"客户第一"吗？我们来讨论一下客户是否需要这个产品吧。最后，价值观提供了一致的价值判断，这个产品如期上线。出乎意料的是，阿里旺旺让买家和卖家的沟通变得非常顺畅。卖家的即时反馈满足了买家的咨询需求，卖家的服务越来越好，极大地提升了客户体感，使淘宝的交易效率远远超越了对手。这是一个划时代的产品，从此淘宝已经变成了和 eBay 完全不同的公司，绝尘而去。

所以当价值观定义了共同选择的标准，一旦遇到像阿里旺旺这样的事时，我们就不会因为影响某个团队的 KPI 等问题去争执，去阻挠，大家会一致将目光聚焦到客户的需求上。后来，我们还更深入地去讨论，为什么客户会选择当面交易，发现最大的问题就是对交易安全性的担忧，所以我们接着又去大力推广支付宝的担保交易，在每个商品页面的最下方、每一个交易环节都放上担保交易的说明……慢慢地，业务进入了一个正向的循环。

可见，价值观在业务选择上能够保证动作的不“变形”，让我们拔开 KPI 的数字迷雾去寻找一个健康成长的路径。它的影响往往是决定性的。

使命、愿景、价值观，让我们“志同”而“道合”

使命通常描述的是：我们要做的是什么？世界因为我们的存在会有什么不同？我们为什么而存在？

愿景描述的是实现使命后能获得什么里程碑式的成就（5～10 年的目标），以及我们要成为什么样的企业。

价值观是这个企业各个层面（业务、团队、个人）的共同行为准则与价值判断，涵盖了公司日常运营过程中在遇到选择时做出价值判断的标准。

使命、愿景、价值观，让我们“志同”而“道合”。

以登山队为例，登山队的使命很可能是征服世界最高峰、让人类足迹留在最高峰上、不断超越人类可以攀登的高度……其愿景可能是 10 年之内成功登顶世界十大高峰，也可能是用无氧方式攀登珠穆朗玛峰……同时，愿景也可以包括关于“我们要成为什么”的描述，比如成为世界上速度最快的登山队。

那它的价值观又是什么呢？登山过程中面临很多需要提前说明的选择，比如为了完成登顶的目标，登山队中途不会援救队员，如果有人跟不上必须离队；或者必须坚持一个都不能少，宁可一起被困，也要共同进退……这是团队层面的，还可以有一些个人层面的，比如每个人都要全力以赴，要团队协作……不管哪个原则都没有对错，但要在出发之前达成共识，不要临时讨论。

使命、愿景、价值观三者在企业中既要非常明确，又要保持内在的一致性，没有冲突，共同发挥作用。它们是整个体系的“上三路”，是这个系统的顶层结构，决定了战略的制定和执行的方向。

提炼使命的 3 个关键

企业的使命不能太小，也不能太短期，它要能将创始人心里的种子播撒到每一位员工的心里，让种子在那里生根发芽。

关键 1：利他的使命更容易得到认可

企业的使命必然不能只体现创始人（企业主）的价值观，也不能只体现本企业的价值观。它要让企业的发展过程成为一个“无限的游戏”，要让每一位参与者成为长期的建设者而不是短期的参与者。从这个角度看，利他的使命比较容易达成目标。

虽然，作为平凡人，我们做出利己的选择是本能，但我们仍需要在利己和利他之间达到平衡，或者说通过利他达成利己。这种平衡表现为企业在为客户提供价值的同时实现自己的利益，它是现代商业的基石。

在现代商业世界里，“企业为什么而存在”这个问题的本质是企业能提供什么服务。所以想要长远发展，利他的使命更为合适。利他的使命也更容易获得团队的认同，让企业拥有越来越多志同道合的伙伴、越来越少的打工者。

关键 2：使命应该能够唤起员工内心的动力

一个使命能否让我们走得更远、更好，还需要看它能否给多数人提供内心的动力，在这之中认同感和自豪感是最好的检验标准。

新加入的员工不一定会认同企业的使命，他们的加入可能只是机缘巧合，但是一个好的使命往往是有号召力的，能慢慢聚拢人心，唤起员工内心的动力。

很多企业把使命贴在墙上，希望通过贯宣将其送达到员工的头脑。这样做的效果有限。企业应该让员工看见实实在在的使命实现，让他们看到客户从一个个数字变成了一个个活生生的人、一个个鲜活的故事。这时，每一个人才会真真切切地感受到使命所赋予他们的意义。这些会超越工资、股票、年终奖……所以，企业要想让使命变成每位员工心里的动力，就要找到能令所有员工产生共鸣的方式，而不是通过生硬的贯宣。

使命要长期坚持，也要有较高的传播率和较低的遗忘率。

每一位创业者都希望公司长久，所以要用无限游戏的思维重新考虑企业的使命，如何让团队成为共同的建设者，而不是短期的打工者。

所以使命也要体现足够的远见，不能短视，并且需要长期坚持和投入。那么，要长期到什么程度呢？我想最起码要 20 年吧。当然，在实现过程中也可以不断调整，但不要过于频繁。

在传递使命的过程中，我特别不喜欢“贯宣”这个词。尤其是对于“90 后”“00 后”，他们的自我意识更加强烈，也不会轻易接受别人灌输的观点。还是那句话，要想让使命真正触动所有参与者，就必须去寻找能引发共鸣的方式。

从我加入淘宝开始，每年都在挑战“不可能完成的任务”——一群年轻的员工面对增长 200% ～ 300% 的业绩要求。一开始，大家都会觉得完成任务很刺激，但慢慢地就会觉得一切都是理所当然的，没什么特别的感觉。比如，以前淘宝年会的固定模式是：各个团队领导上台总结自己的团队今年做了哪些努力，取得了什么样的成绩，具体的业绩数据是怎样的，然后各个团队再表演一些节目，欢乐一下就结束了。但这样的年会让大家多少有些麻木。

2008 年，我们管理团队讨论如何让年会办得更好。最后，我们就想：“淘宝是大家的淘宝，能不能把消费者请来，让他们说一说自己这一年对淘宝的感受？能不能让开店的卖家现身，让我们看到活生生的人，而不是电脑屏幕后面闪烁的旺旺头像？”所以，这一年的年会，我们就请了很多人来讲述他们在这一年经历的真实的喜怒哀乐，这些人包括卖家、买家以及淘宝的店小二，当然也有像游林冰等淘宝魔豆宝宝公益项目帮助过的单亲妈妈……多年以后，很多参会者尤其是店小二们提起那次年会还是激动不已。

这样真诚的方式，不仅让所有参与者产生了共鸣，而且让大家从中获得了超越物质、金钱、权力的力量。

关键 3：使命要生动、好记、口口相传

使命的描述有一个基本的要求，那就是生动、好记。

我遇到很多创业者，当问起企业的使命、愿景、价值观时，他们自己还需要打开手机、电脑，或者到自己公司的官网去查看。

我猜测，原因可能有两个：第一，他们认为企业的使命是给外人看的，比如投资人；第二，使命没特点或者不好记。这类使命往往都非常长、面面俱到而且描述得很书面，里面还有很多比较专业的概念，听完以后记不住，可能一时也理解不了。使命是需要大家理解并且认同的，如果在第一步的记

忆、理解上就遇到问题，后面的问题可想而知了。

我们要让使命有较高的传播率和较低的遗忘率，就需要考虑使命背后的叙事方式（故事）。它能让使命变得生动、好记、口口相传。使命背后的故事可以从与创始人、创始团队血肉相连的部分开始，不断生发客户与合作伙伴的真实故事。这些充满人情味的故事，让人们更愿意去主动传播而不会被遗忘。这些故事必须是真实的，只有真实才会充满力量。在此，我列出一些知名企业的使命给大家参考（见图 1-5）。

图 1-5　全球知名企业的使命

罗伯特·席勒（Robert Shiller）在《叙事经济学》（*Narrative Economics*）中举了一个例子：

人类学家威廉·M. 欧巴尔（William M. O'Barr）和经济学家约翰·M. 康利（John M. Conley）采访了一些投资经理并请他们谈谈自己的业务，结果发现公司员工普遍倾向于讲述有关公司成立及其价值观的故事。各家公司的故事都有一些共同特征，类似于人类学家所说的原始部落用来讲述自身起源的创世神话。这样的故事往往聚焦于一位男性（极少数情况下是一位女性），这个人在创建部落，或者说，创建公司的时候，展现了非凡的远见或勇气。这样的叙事倾向于回归到创始人的故事，从而让很多讲述公司现状的故事更具说服力。

我在阿里巴巴工作期间，也发现很多外部的朋友对马云老师带领十八位合伙人创立阿里巴巴的故事津津乐道，对阿里巴巴的价值观更是除了认同之外还到处“布道”，我想这就是阿里巴巴“创世神话”的叙事传播吧。

02

以客户价值为战略核心，找到“该做”之事

THRIVING

FROM STRATEGY TO EXECUTION

战略的极简框架就是
“想做”“可做”“能做”的
交集——“该做”。

在上一章中，我们聚焦于阿里“七件套”的“上三路”：使命、愿景、价值观以及它们与战略之间的关系——战略处于“七件套”的核心位置，向上服务于使命和愿景的实现，连接价值观，不仅包含由使命驱动的 5 ～ 10 年的长期目标，还包含与愿景确定的长期目标相对应的 3 ～ 5 年中期目标。在让战略落地的时候，我们会确定年度目标，也就是短期目标。长期、中期、短期目标三者是统一的。价值观则决定了整个战略从制定到执行的价值选择，它会深刻影响战略的实施。组织、人才和 KPI 是战略实施的支撑体系，它们需要根据战略的变化进行调整。所以，战略在其中起承上启下的作用，是整个系统的核心（见图 2-1）。

战略的核心作用是回答未来 3 ～ 5 年我们要去向何方？我们如何到达那里？为了到达目的地，我们需要做哪些事情？以及怎样配置资源？

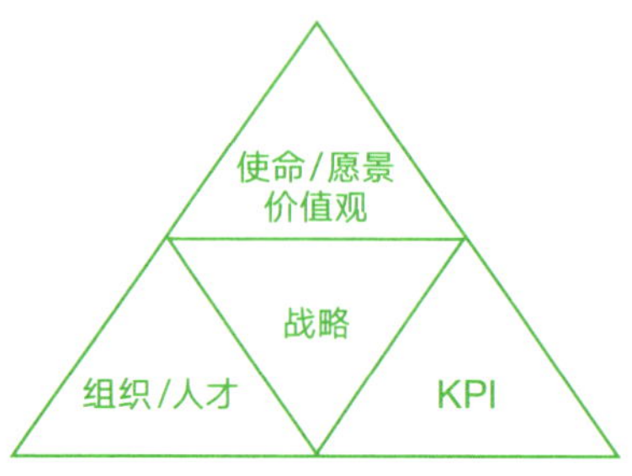

图 2-1 战略是阿里“七件套”的核心

战略该做什么？

曾鸣教授曾这样定义战略：战略是在特定环境下为实现一定的长期目标而对资源和能力实施的有效配置与组合。而战略的极简框架就是“想做”“可做”“能做”的交集——该做（见图 2-2）。

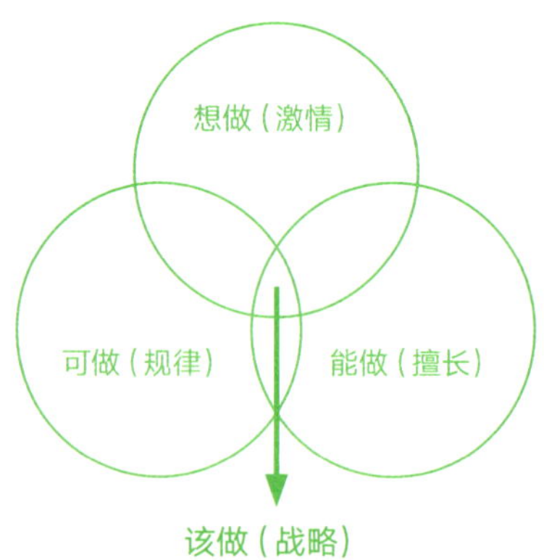

图 2-2 战略的极简框架

乍眼一看，这个框架很简单，但如果你认真去做就会发现它具有很大的欺骗性，“极简”的事情往往做起来是最难的，这和艺术、设计非常相似。表面看起来越简单，背后的部分往往越复杂，需要的思考和训练也越多。

马云老师常说：“做战略和人生一样，都要想清楚三个问题：有什么？要什么？放弃什么？”“有什么”和“要什么”可能都相对容易回答，想清楚“放弃什么”却很难，而且过程中充满了矛盾和纠结，因为这太反人性了。

但是这种“痛苦”状态恰恰伴随着战略制定和执行的全过程——**让战略不仅要对现在和未来做出判断，还需要坦然面对自己和团队，最重要的是学会选择，学会放弃。**这个过程很像自我修炼。

“想做”，平衡理想与现实

“想做”与我们的创始人、创始团队有关，它是你起心动念的原因，是初心，也是整个团队的激情所在。从这个角度看，其实“想做”和使命、愿景是紧密相关的，因此必须保持一致。

企业的原动力一向源自创始人的喜好和热情，这是使命的原点，也是“想做”的来源。虽然不是每个团队都有明确的使命、愿景，但是必须有高度一致的“想做”之事，这是战略制定的前提。

就像之前提到的，很多初创团队会说："我们想做的就是赚钱。"这也没有错，赚钱与改变现状是很多创业者和团队最初的动力。在这种情况下，我们可以问问自己和团队：我们通过什么样的方式、在哪里赚钱会觉得开心和有成就感？

之所以这样考虑问题，是因为制定战略是为了实现长期目标，所以我们考虑"想做"的时候不仅需要考虑它能否带来物质的刺激，也需要思考它能否提供持续的动力。尤其在个体更加强调自我实现、自我认可的今天，战略需要向全体员工公开，获得他们的认可、理解。我的经验是可以把赚钱当作"想做"的结果来思考，这样就比较容易平衡理想和现实、物质与动力之间的关系。

"可做"，找到自己的水晶球

"可做"是规律，是这个社会、经济、技术等的发展趋势，它对应的是外部视角。

"可做"也是对机会的判断：哪些机会最有价值，哪些是大趋势，哪些是机会成本。我们要学会用未来视角看今天，把今天的假设当作对未来的判断。在战略制定、实施、复盘的过程中，应该不断校正对未来的预判，不断用未来的眼光看现在，不断判断产业的终局，并且不断完善假设。

那么，"可做"是如何预判未来的？我想你要先想清楚下面几个问题，如果这些问题回答清楚了，那么“可做”就算比较清楚了。

- 10年以后，我们所处的行业是什么样子的？整个行业规模是扩大了还是萎缩了？
- 10年以后，这个行业的消费者（用户）是谁？这个群体是变大了，还是变小了？他们现在在哪里？他们的需求是否会发生变化？变化的趋势又是什么？
- 10年以后，哪些玩家在为这些用户提供服务？这些服务的业务形态又是什么？他们的优势/劣势和盈利能力分别是怎样的？你可以将业务形态一一列出。
- 这样之后，再考虑市场的分布问题：整个市场会被少数几个玩家垄断还是呈分散状态？他们之间的上下游状态和关系又是怎样的？新技术的不断发展变化，会吸引新的玩家加入吗？

我们都希望有一个可以预知未来的水晶球，但这样的水晶球是不存在的，所以谁都无法清晰地描述未来，能够对未来做出准确判断的人只能是这个行业里的人。一旦我们开始思考这些问题，并不断深入探索，自然就会比别人看得更远。通过不断地思考这类问题，我们也许就会发现属于自己的“水晶球”。这是一件需要想象力的事情，需要你对行业的方方面面都有前瞻性的感知。

“能做”，要求我们诚实面对自己

“能做”对应的是我们自己的能力、拥有的资源，还有可以培养起来的能力和能够获得的资源。

能力是逐渐培养起来的，我们总会遇到高估或者低估自己的能力的情况。我们常说人生的三重境界是“见自己，见众生，见天地”。其中最基本的就是要坦然面对自己，不自大也不自轻：我们擅长什么？有什么成功的经验？有什么失败的教训？有什么独特的资源？有什么别人没有的能力？在这个过程中，我们需要去发现自己最独特的东西，也就是别人不具备或者很难具备的东西。

除去诚实面对“自己”，在评估团队和资源时也要牢记团队的能力是具有一定边界的，资源也永远是有限的。这是不自大。同时，我们也要不自轻，要用发展的眼光去看待团队的能力，在战略的执行过程中建立预测未来的能力。用发展的眼光看待团队的能力，前提就是认可“每一个人都是可以改变、成长的”，相信他们会有目的、有计划地付出行动以得到想要的结果。这也是战略从制定到执行的过程中需要解决的问题。

“该做”，学会放弃和保持独特性

当我们把“想做”“可做”“能做”三点逐个分析出来后，

它们的交集就是“该做”。本质上，“该做”是呈螺旋式上升的动态演化过程。随着我们的野心和能力的增加，我们的战略格局也会逐渐打开，但随之而来的还有因梦想和现实之间的差距而产生的纠结。

因此，只确定“该做”还不够，由于我们拥有的资源有限，或者愿景描绘的路很长，还必须在“该做”中做出 3 ～ 5 年的选择和取舍。

做选择必然是非常困难的。根据经验，我们可以使用排除法，将“可做”比对着“想做”和“能做”一个一个排除。最先排除的是一定不做的，然后对纠结的“可做”做出分析、讨论和判断，慢慢确定我们的“该做”。

战略是公司核心团队的选择，其中每个成员的选择都会影响公司的发展方向。所以在做战略的过程中，我们也可以用马云老师的问题问问自己：“有什么？要什么？放弃什么？”回答清楚这三个关于自己的灵魂考问之后，人生选择就会变得比较清晰了。在这种情况下，做业务选择的时候会更加坚定，更有动力，这也许是对抗纠结和焦虑的一种方法。

从我进入阿里巴巴的第一天，就被告知我们的战略定位是电子商务领域，并且坚决不做游戏。那时，互联网这个领域可做的东西很多，比如门户、游戏、即时通信……门户通过 SP（Service Provider，服务提供商）短信业务大把大把地赚钱，游戏的发展也如火如荼。这些年一路走来，诱惑不断，因为做了战略选择，所以每个人犹如心里有了“定海神针”般意志坚定，专注于电子商务这个领域，不断开疆拓土、深耕生态。

做到了“放弃”，“该做”的下一步就是认知到自己的“独特性”。我们要问问自己：这个战略为什么我能做到，别人做不到？好的战略没有统一的标准，如果一定要有的话，那就是“合适”，它是别人无法复制的，即便知道我们的意图，他也无法复制。

制定战略只是第一步，更重要的是战略的执行，是“做”。**战略要在“做”的过程中不断生长，自己长出来。这需要所有资源的协调一致，所有成员的专注和坚持，这才是整个战略最重要的部分。**

战略的核心是客户价值

战略需要自上而下传达，因此要将“该做”描述清楚。要描述战略，先要明确“客户价值”。客户价值与“想做”有关，我们要从客户的角度去思考。

客户价值是客户可以感受到的我们提供的产品或者服务的价值。这个价值是由客户定义的：我们到底帮客户解决了什么问题？这个问题是不是客户真正的痛点？我们是不是用符合甚至超出客户预期的方式解决了这个问题？

我经常问一些 CEO：你们公司的战略是什么？客户价值是什么？最常得到的一种回答是：我们向客户提供解决方案。当我追问“你的解决方案解决了哪些客户的哪些问题”时，他们往往很难给出明确、清晰的答案。

有一次，我问一个做产品设计的公司同样的问题，该公司的 CEO 回答说：“我们要给客户解决产品设计方面好看、好用的问题。”这个回答和给客户产品解决方案是完全不同的。解决方案是我们能提供什么，而满足客户想让产品好看、好用的需求是解决方案对应的结果，也就是客户价值。我们不断地追问客户价值，就是希望大家可以转过身去，用客户的视角思考战略的问题。

THRIVING
从战略到执行

客户是想要电钻，还是墙上的洞

我们用一个生活中的例子来看看它们之间的区别。有个人想要往墙上挂一幅画，先要在墙上打一个洞，所以他去买了一把电钻。那么作为卖电钻的人，究竟卖给这个客户的是电钻本身还是墙上的洞？

如果我们的目光在钻头之上，那就会特别关心钻头的功率、耗能、强度、重量以及制造工艺、原材料、成本等。当我们转身把视角放到为客户解决“洞”的问题上时，就会发现世界大不一样，关于钻头的功率、耗能、强度这些都有了一个衡量标准，都是为这个“洞”去服务的，此时“洞”才是我们提供的客户价值。

当进一步思考这个问题的时候，我们甚至可以击穿“洞”的问题发现更有意思的世界：客户要“洞”不一定必须买一把电钻，如果这种需求的市场足够大的话，我们也许可以提供专业的“打洞”服务。那将是另外一种商业模式。再深入思考一下，你会发现客户需要“洞”其实是为了挂画，那么也许你能做的就会更多，解决手段包括粘钩、墙上预埋的挂画线、另一种更加牢固的专门用来挂画的钩子……通过客户视角思考问题时，我们会发现自己提供的产品、服务是解决客户问题的手段。而手段是开放性的，我们的最终目的是寻找最有价值的解决之道。

当明确了要提供的客户价值之后，为什么我们的“该做”会不一样？这是因为我们的“能做”不同。对于同样的“想要”——让客户拥有“好的睡眠”，制药公司可能会研发新药，家纺公司可能会改进枕头、被子的设计，音乐公司可能会推出助眠的乐曲……当然，我们最终提供的客户价值不一定这么具体、单一，但关键都在于“想做”层面的视角转变。视角转变会带来一系列改变，甚至商业模式的变化。

锚定了客户视角的客户价值以后，我们回过头来看

> “能做”，看是否可以用最小成本或者最优的方法去解决这个问题。这样我们就有了一个可以衡量比较的标准。在“可做”这个层面，你看见的也将是解决客户这个问题的趋势，你的眼光也会从单一的行业放宽到更广泛的领域。这样一来，你就不会轻易错过或者遗漏某些机会。

我常听到创业者讲这样一个笑话：最悲惨的创业经历就是拼命在一个赛道上奔跑，好不容易超越了所有对手，没想到隔壁赛道上的车越线了，把你“撞死”了。未来 10 年，我们的竞争对手肯定有行业内部的，也有跨行业的，它们很可能对我们造成“降维打击”。与其坐以待毙，倒不如主动创造变化，从客户价值出发无疑是一个好的方法。

转变视角说起来容易，要真正做到转变，关键在于做。

我刚加入淘宝时，恰逢 eBay 开始围剿淘宝。如果我只是天天跟团队说“这个世界上没有什么事情是不可能的”，估计没有几个人会真正相信，就连我自己都不信。我们应该做的是“转变视角”，这和“倒立”有点儿像。倒立这件事看上去很难，事实上只要掌握技巧，几乎每个人都可以做到。当每个人都去努力尝试的时候，就会发现“自己的能力超出想象”“换个角度看世界，世界是不一样的”。这时候再讲“电子商务”的前景、未来，大家就会从“也许可以”，最后变成“一定可以”，因为这么难的“倒立”我们所有人都做到了。

THRIVING
从战略到执行

从员工视角到客户视角的底层逻辑

我负责淘宝运营工作的时候，招聘了很多新员工。

当时公司有一个不成文的规定：新员工入职 3 个月内，需要完成 10 笔交易，不管是帮别人购买还是自己购买，否则就不予转正。并且，转正时需要站在客户角度给公司提出一项改进建议。这个规定现在看来有一些极端，因为当时的电子商务还是新生事物，几乎没人相信通过互联网可以买东西，但即便所有人都不相信它，我们自己也必须相信它，而且要去完善它。之所以这样做，是因为开创性的工作太艰难了，这时候讲道理、画大饼都不一定能起作用，只有通过亲自体验的“做”，团队成员才能逐步建立信心。

从客户视角考虑问题，不仅要在战略制定的时候就将视角转换过来，还要变成执行过程中团队思考问题的底层逻辑。

关于客户价值的 4 个灵魂考问

我们在考虑客户价值的时候，一定要思考下面几个问题。我称之为 4 个灵魂考问。

第一，它是不是真正的客户需求？它对应的客户痛点是什么？客户是不是很在意这个痛点？我们是不是很好地解决了这个痛点？有一家做社区电商的公司 CEO 曾对我说，自己的客户价值的独特性是送货时间只需 29 分钟，这样说是因为竞争对手是 30 分钟。这家公司的客户价值听上去很特别，但仔细想一想：对消费者来说，29 分钟和 30 分钟有什么区别吗？客户在意这个独特性吗？为了快 1 分钟，公司付出的代价是什么？你或许可以把它作为宣传语，但它到底是不是独特性还有待检验。

第二，这个需求的规模有多大？需求会不会一直存在？未来是会变大还是变小？有没有可能被替代？尝试从未来的视角看客户需求的规模问题非常重要，因为战略就是为未来做的准备。

第三，这个客户价值的独特性在哪里？它在客户眼中是不是真的很独特？这个独特性足以让客户选择你吗？客户是变化的，他们对独特性的认识也会变化，这一点我们必须要注意。Zara 刚推出时，它的独特性是“快时尚”：类大牌设计、平民化价格、不断更新的款式。当它的对手是传统服装品牌，战场是线下销售渠道时，这个独特性所向披靡。而时至今日，消费者变成了互联网原住民，在线购物变成像吃饭、喝水一样稀松平常的事情，他们更愿意为个性买单，因此 Zara 以往的独特性就不再明显了。

第四，这个独特性是我们特有的吗？为什么别人提供不了？我们为了这个独特性要付出和持续付出的代价（成本）是什么？我们在思考独特性时，常会陷入“只要做到了就能赢”这样一个误区，却忘记了自己为独特性付出的成本，以及维持这个独特性需要持续付出的成本。我们付出的成本必须小于或者在一定规模以后长期小于客户愿意为这个独特性付出的成本，这样才能盈利。我们也要关注独特性的“护城河”问题：我们维持这个独特性有没有优势，它是相对优势，还是绝对优势？如果是相对优势，它什么时候会消失？

清楚问答 2W1H，完整的战略描述

总有人问我：“语嫣老师，你觉得我们公司的战略怎么样？”面对这样的问题时，我总是无法回答，因为判断一个战略的好与坏需要很长时间，需要用实践检验，而且战略本质上也没有好坏之分，只有合适与否。合适的战略不仅要适合你的公司、适合当下，还要能面对未来的趋势。

不过从基础来看，一个战略最起码要让执行团队能够理解，才能被很好地执行。我认为，一个完整的战略至少要描述清楚如下问题：公司通过什么方法（业务模式）给哪些人提供了何种客户价值。也就是说，战略要能清楚地回答三个关键问题。

- WHO：我们的客户是谁？
- WHAT：我们能提供什么客户价值？
- HOW：我们通过什么方式提供？

下面通过一个例子来看看，战略该如何描述。

THRIVING
从战略到执行

湖畔魔豆“养育未来”是如何成功的

湖畔魔豆公益基金会是阿里巴巴 12 位女性合伙人联合发起的。我也是发起人之一。该基金会有一个公益项目名叫“养育未来”。

众所周知，0～3 岁是婴幼儿生长发育最重要的阶段，对他们未来的发展至关重要。而我国欠发达地区有约 4 000 万儿童存在发育滞后的情况，尤其是 0～3 岁婴幼儿，他们接受科学的早期养育的水平和比例都较低。其中，近一半 0～3 岁婴幼儿存在认知能力、运动能力、语言能力和社会情感能力发育滞后的情况（见图 2-3）。而同时，这些地区反而更缺乏相关的专业人才和机构。

湖畔魔豆公益基金会支持的“养育未来”项目，从 2018 年开始在国家级贫困县——陕西省宁陕县，用养育中心结合入户家访的形式，为当地 0～3 岁婴幼儿家庭提供科学育儿指导。

“养育未来”项目招募和培养当地的养育师，持续为周围村镇的婴幼儿照养人提供一对一的亲子互动指导服务，让这些地区 0～3 岁婴幼儿的认知、运动、语言和社会情感等能力得到充分发展。截至 2018 年 12 月，“养育未来”项目在宁陕县建成并运营了 10 个养育中心和 1 个养育服务点。

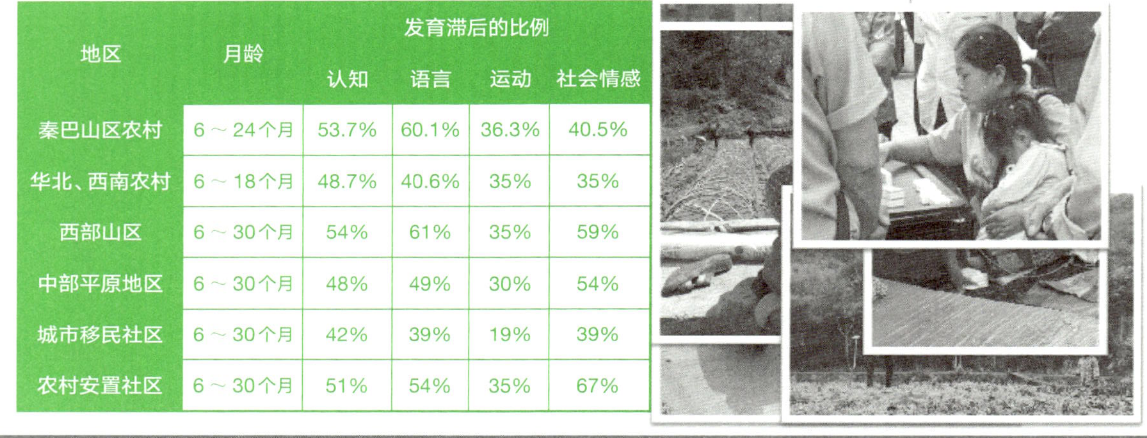

地区	月龄	发育滞后的比例			
		认知	语言	运动	社会情感
秦巴山区农村	6～24个月	53.7%	60.1%	36.3%	40.5%
华北、西南农村	6～18个月	48.7%	40.6%	35%	35%
西部山区	6～30个月	54%	61%	35%	59%
中部平原地区	6～30个月	48%	49%	30%	54%
城市移民社区	6～30个月	42%	39%	19%	39%
农村安置社区	6～30个月	51%	54%	35%	67%

图 2-3　我国欠发达地区婴幼儿早期发育滞后情况

数据来源：农村教育行动计划（Rural Education Action Project）项目公布的数据。

该项目的 30 名养育师服务了 548 名 0 ～ 3 岁的婴幼儿以及 1 040 位照养人，并计划于 2019 年 4 月建成第二批 10 个养育中心和 5 个养育服务点，实现宁陕县的全面覆盖。此外，该项目通过随机干预实验，开展严格、科学的影响评估，并根据实验结果总结一套有效、可复制的科学养育模式。截至 2020 年，“养育未来”项目已经推广到陕西清涧县、江西寻乌县，正在积极和各方力量一起向全国欠发达地区推广与复制。

本来我们以为这样一个项目并不需要战略指导，但是在实际的运营过程中，总是会有一线的养育师很疑惑：我们的客户到底是照养人，还是孩子？这一迷惑在实际工作中让一线的运营团队抓不住重点，引起了一系列问题。

于是在 2020 年 7 月，我和湖畔魔豆团队花了很长时间去讨论整个项目的战略，最后得出的结论是：通过影响欠发达地区的照养人，让他们为 0 ～ 3 岁婴幼儿提供高质量的陪伴，降低这些婴幼儿发育滞后的风险。

我们先确定了项目的总体目标——让照养人习得提供高质量陪伴的能力。因为是公益项目，所以还有一个原则就是尽可能覆盖区域内的所有 0 ～ 3 岁婴幼儿，这和商业的性质选择不同。

所以，“养育未来”战略的三要素可被描述为：

- **WHO：**我们最终的客户是孩子，但直接客户是照养人。

- **WHAT**：我们提供的价值是使照养人能为 0 ～ 3 岁婴幼儿提供高质量陪伴，降低欠发达地区儿童发育滞后的风险。
- **HOW**：通过在欠发达地区建立养育中心，培养当地的养育师，向照养人传递知识，改变他们落后的育儿观念，并向他们传授科学的育儿方法，最终促使尽可能多的照养人“行动”——提供高质量的陪伴。

但事实上，关于 WHO 到底是“照养人”还是“孩子”这个问题，起初没人认为它是个问题。项目启动的时候，我们先讨论了对养育师的考核，确定了两个阶段的考核。养育中心初建时期的目标是让覆盖范围内的照养人都能够知道和了解我们的项目，所以考核目标是照养人的覆盖率，即来养育中心的照养人所占比例；到了正常运作阶段，考核目标就变成了养育师一对一授课的课时数。

在运营过程中，经过对 0 ～ 3 岁婴幼儿发育情况进行测评，并对发育数据进行跟踪，我们发现平均每个月来养育中心上课 2 次及以上的婴幼儿，发育滞后的情况明显得到改善。所以我们开始重视他们的 2 次上课率，养育师也希望照养人多带着孩子来上课。

但是，我们发现养育师在工作过程中，分不清楚客户是孩子还是照养人。这是因为养育师在指导亲子互动时，是通过这种方式完成的：他们利用绘本或玩具给孩子上一对一的课程，并让照养人在一旁观察学习，然后他们允许照养人将绘本和玩具借回家，继续和孩子互动。

养育师往往会把增加一对一课程的课时数作为工作目标，而忽略了照养人有没有学会，以及课后在家里有没有继续与孩子互动。

这就造成了运营过程中资源有效性配置的问题。我们从统计数据中发现，一个月带孩子上 4 次及以上一对一课程的照养人占 30% ～ 40%，而只上 1 次一对一课程或者 1 次都不上，甚至没有带孩子来养育中心的照养人占 8% ～ 10%。而由这部分没有意识或者没有条件的照养人抚养的婴幼儿是发育滞后风险最高的。

从“养育未来”项目 2019 年宁陕县的统计数据看，每个养育师的月平均一对一授课数为 46 节，月均服务的家庭数为 21 个。我们抽取的一组数据显示，在目前的运营模式下，80% 的家庭在 96% 的资源（养育师的一对一课程）干预下，0 ～ 3 岁婴幼儿发育滞后的风险降低。其中，上 4 次课的 30% 家庭占用了 52% 的资源，而有效干预的次数为 2.5 次，所以对这一部分家庭的投入可能是过度的。另外 20% 每个月只上一次课或者没有上课的孩子发育滞后的风险很高，但对他们只有 4% 的资源投入（见表 2-1）。

表 2-1 “养育未来”项目 2019 年宁陕县的统计数据

月均上课次数	家庭占比	一对一课节数	资源占比	滞后风险
0	10%	0	0	很高
1	10%	2	4%	高
2～3	50%	20	44%	低
4	30%	24	52%	很低
总计	100%	46	100%	

这些数据是通过“湖畔魔豆公益基金会”网站收集的（见图 2-4）。

从数据可见，从养育师的时间投入上看，那些滞后风险最高的孩子反而没有得到足够的照护，也就是说这个项目最重要的资源——养育师的一对一课程并没有得到合理的使用。

经过艰难的讨论，我们将终极目标从提高照养人的能力、技巧，直接变成了帮助照养人将提供高质量的陪伴落实到“行动”上。在客户方面，我们确定了照养人和孩子的关系：**照养人是直接客户，孩子是最终客户。**

我们还最终明确，“养育未来”项目通过向照养人提供知识，传授技能，帮助他们建立针对 0 ～ 3 岁婴幼儿的重要育儿观念，达成照养人养育行为的改变这一目标。最终的目标是让尽可能多的照养人在孩子出生后的最初 1 000 天中能坚持提供高质量的陪伴，从而降低孩子发育滞后的风险。

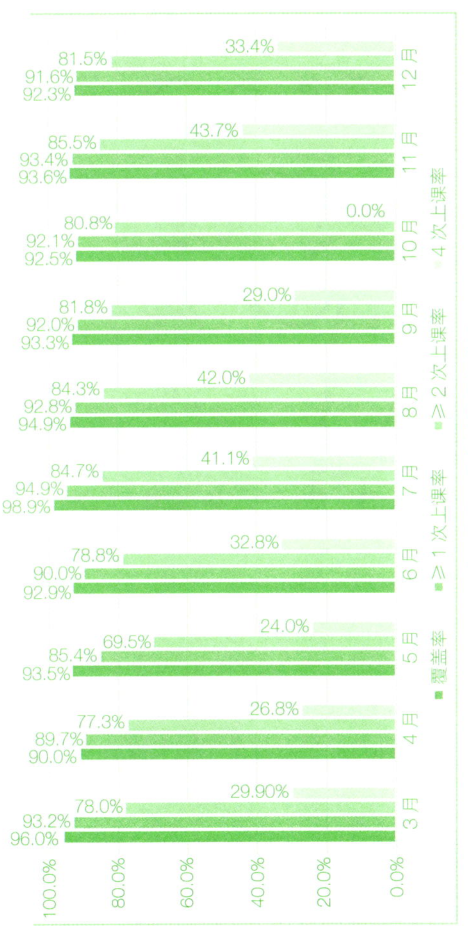

落实“最后一公里”，实现“一个都不能少”——关键运营指标的监测

覆盖率：签到服务人数 / 在册人数　　上课率：上课人数 / 在册人数

* 上课人数：当月至少上过1次一对一亲子课程的宝宝数量。

* 所有数据均基于“养育未来”项目专门的IT运营管理系统的日常统计。

图 2-4 湖畔魔豆公益基金会数据

客户和客户价值清楚以后，战略目标就非常清晰了：在资源有限的前提下，尽可能多地影响照养人，让他们从行动上做出改变。然后，我们画出了照养人的画像（见图 2-5）。

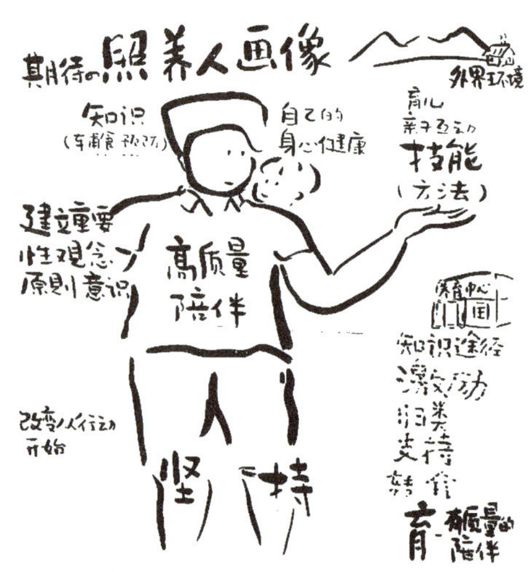

图 2-5 “养育未来”项目中的照养人画像

团队有了这张图，并且对“尽可能多”和“行动”这两个关键战略目标达成共识之后，项目的运营发生了翻天覆地的变化。

以前，养育师的考核指标是一对一授课的课时数，所以有一部分养育师的关注重点在孩子身上。他们希望通过一对一的课程来降低孩子发育滞后的风险。现在大家都清楚了直接客户是照养人，目的是要通过改变照养人的行为达到降低孩子发育滞后的风险。而且，要让照养人回家以后可以坚持和孩子互动，所以一对一课程关注的重点就变成了照养人是否学会了这些内容，以及是否能够坚持行动。这样一来，我们通过照养人行动的改变强有力地推动他们对孩子的干预。

另外，以前养育师只关注自己一对一授课的总课时数，课时数越多越好，不会考虑资源分配是否均衡。在新的战略下，影响尽可能多的照养人也是很重要的目标。根据这个目标，我们发现可以将照养人分为有动力有学习机会、有动力无学习机会、无动力被动学习和无动力无学习机会这四种类型。然后，我们针对不同类型的需求将客户划分到四个象限，制定不同的策略、产品、服务，这样就有了达成目标的清晰路径和行动计划（见图 2-6）。

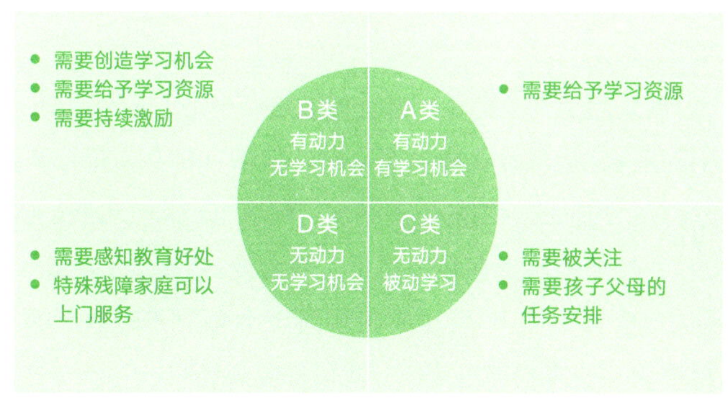

图 2-6　照养人类型及需求四象限

当我们希望一个战略能够被理解与执行，而且在执行过程中不断激发团队的创造力，就要尽量把“该做”变成完整的战略描述，明确客户以及客户价值，并且围绕客户价值建立战略运营体系。

“客户第一”建立在“客户价值”上

很多企业都把“客户第一”“客户优先”等关于服务的描述放入企业的业务行为原则中。在实践中，很多员工最常见的疑惑就是：客户要求的我们都要去做吗？优先级如何确定呢？

在践行“客户第一”的原则时，CEO 和高管团队去一线听取客户和员工的意见，是最为常见的做法，但这种做法也常常流于表面。我们要知道这样做更多是为了表明态度，而真正把“客户第一”落到实处，其实并没有那么简单。

以前我们经常会请客户来公司做焦点小组方式的调研，当问到希望淘宝提供什么样的商品时，他们常常会说价格要低、质量要好。包括我周围的很多朋友、同事也经常会给我们提一些要求，比如他最近在装修房子，就会说：“淘宝上的意大利原装进口家具不够多。”也有很多员工会愁眉苦脸地来问我：“这些需求都是客户提出来的，我们都要满足吗？”

对于这些问题，我常常会回答：“我们的客户主要是谁呢？我们提供的客户价值是什么呢？然后，让我们在这个基础上去看看哪些客户提出了哪些需求，再来决定哪些需求是需要被满足的，哪些可以先放一放。”

我把需求分为四个象限，将其按照客户群体和与提供的客户价值的关联度放入分区（见图 2-7）。这样一来，我们就会发现落入 C 象限的需求才是主要客户的，是与我们提供的客户价值关联度最强的，是工作的重点。

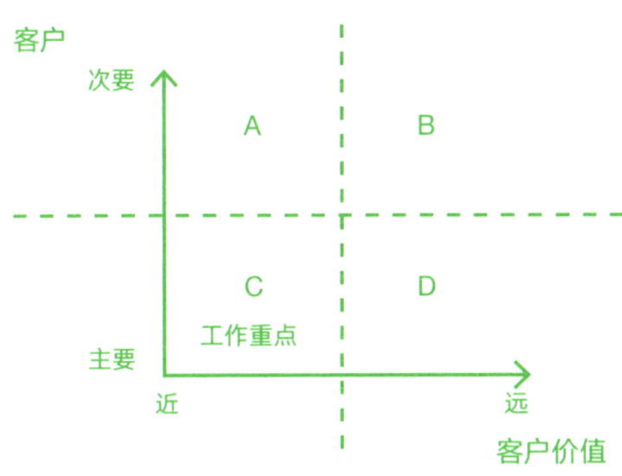

图 2-7　客户需求四象限

当我们有了明确的客户需求和独特的客户价值，日常的运营工作就有了抓手，也有了衡量的标尺。比如对于“价格低”这个需求，我们需要思考很多问题：第一，这是我们主要客户的主要需求吗？“价格低”是不是就等于“便宜”？第二，主要客户是如何感受“价格低”的？他们是和谁在哪里进行比较的？主要比较的是哪些类别的商品？哪些类别商品价格的相对优势可以在客户心里建立“价格低”的标签？第三，如何平衡卖家与买家之间的关系？怎样让整个市场健康发展？

运营是一个复杂的过程，很难找到一个确切的答案，建立标准、分析模型和思维模式才是作为教练式领导面临的最主要的任务和挑战。

如果没有锚定客户价值，那么“客户第一”就是一句空话，不可能被落实到实际的运营工作之中。我们经常说“客户都是对的”，其实背后还有一句是：“但是客户的需求你不一定都要去满足。”我们的选择是创造客户价值，为客户解决问题，做我们能做的，而不是一味满足客户的所有需求。

所以，“客户第一”是建立在“客户价值”基础上的。明确了客户价值之后，需要有所选择地去行动。

站在现在看未来 Vs. 站在未来看现在

曾鸣教授常说：“战略要看十年，想三年，做一年。”

听起来非常简单，但是真的要去做的时候，遇到的第一个问题就是：怎么看？站在哪里看？这也是我们常说的“战略的未来观如何体现”的问题。

一提起“看未来”，我们基本都是从现在出发的，这样的话，我们就会带有很多现在的痕迹和视角，会觉得未来是未知且遥远的，只要做好眼前的事情就好了。还有一种“以终为始”的观念，我觉得很多人都只理解了一半，那就是：这里面的“终”是指终局，而不是“终点”。终局要求我们首先知道10年以后市场的格局，再根据这个格局来决定我们自己想要的位置，最后根据这些来设定具体的目标。

关于怎么看的问题，我特别喜欢电影《信条》（*Tenet*）的构思方式。以往这类时空逆转设定的电影都是让角色穿越到过去或者未来，但无论如何，时间流逝的方向没有改变，依然是正向的。而《信条》不同：时空逆转以后，时间流逝的方向是逆向的，即从未来到过去。它呈现了一个非常不同的角度，所有的时间基准点都是“未来”，影片中的人要在逆向的时间线上进行逆向思考。

我们在做战略的时候，也需要有这样的思维，把自己投射到未来，让时间逆向流逝，看看会发生什么。这就是站在未来看现在，而不是站在现在看未来。只有这样，我们才会看见今天的战略应该往哪里去，才能想得足够长远。把自己投射到未来的时候，需要的是想象力和感知力，也许这就是战略之中艺术的部分吧。

将自己投射到未来，我们要看的重点是产业终局。关于产业终局，我们可以问几个问题，以便全面思考：

- 10年以后，行业的情况是怎样的？玩家会更加集中还是分散？

- 如果玩家会更加集中，那就要注意了。我们要问自己几个问题：我们是否有可能成为那几个玩家之一？现在需要做什么样的取舍和准备？面对这一趋势，不惜一切代价做大也许不失为一种有效的选择，因为这样可以取得先发优势和规模红利。
- 如果行业趋向于分散，我们就要问自己，如何在分散的行业趋势中生存下去。也就是说，战略中客户价值的独特性以及持续保持独特性就变成特别需要聚焦的地方。

2004 年至 2005 年，如果你有观察化妆品市场，就会发现，在网络上销售的主流品牌以国际大品牌为主，并且非常集中。但时至现在，情况已经发生了巨大的变化，网络销售主力不再只有国际大品牌，国货新品牌也层出不穷，总体呈现分散的状态。品牌数量和产品种类都呈爆发性增长。以往需求非常小甚至几乎没有的品类，比如男士护肤品、化妆品、宠物洗护产品等都出现了，并且销量有了巨大的增长。这就是行业的变化趋势，如果 10 年前你就看到了这些趋势，你会做何选择呢？

这个行业由集中迅速变得分散，给小品牌提供了很多机会，但是竞争也会更加激烈，这时候比拼的就是给客户提供独特价值的能力。

今天的我们并不能真正看见未来，也很难保证在合适的时间发力。我们做战略就是要尽量去做那个先知先觉的人，做好一切准备然后等风来，否则，风来了，也和你什么关系都没有，你只能看着别人起飞。

看未来的时候要尽量避免偏见，采用客观的视角。客观有可能带来红利。在电子商务发展过程中，如御泥坊、完美日记等线上品牌的崛起和对传统品牌的超越，就是这样的红利。这需要我们拥有开放的心态，听取不同人的观点，也可以参考不同行业的发展路径。比如，在个人电脑的发展过程中，最先出现的是拼装机，然后是品牌机、手提电脑、平板电脑乃至智能手机。整个过程就是消费者需求随着技术发展一一被满足的过程，如果仔细观察消费者需求，就会发现平板电脑这个产品的尴尬之处：既没有手提电脑的运算能力，也没有智能手机的便捷性。这就意味着平板电脑一定是一个过渡型产品，因此在战略上就要明确最终产品的走向和技术投入的方向。技术驱动的消费品行业的从业者，可以参考消费电脑的发展过程，从中一定会得到很多非常有趣的结论。

所以，我们要做到向前看 10 年，确定愿景，决定我们要在未来的格局里所处的位置；想 3 ～ 5 年，做出战略选择，锚定客户价值，确定前行的方向；做一年的年度规划去执行战略，找出战略重点、近期内要达到的目标。如果我们希望走得更远，这三个动作缺一不可。

创业者的纠结往往在于不拥抱未来就会死，而拥抱了也未必一定能活，所以很多时候是不得不拥抱的状态。我想与其被动接纳，还不如主动拥抱，这样或许会有一线生机。

如何把战略“生”出来

相信很多 CEO 在看完上面的部分，就会跃跃欲试地去做战略了。那么，你应该和谁讨论战略呢？这看上去是一个可笑的问题，但是我在湖畔创研中心授课的时候就常常被问到这个问题。这个问题背后其实还隐含着一种常见的现象，那就是 CEO 们想要找一个首席战略官来解决战略的问题。

那么，制定战略到底是谁的职责？制定战略的能力从哪里来？我觉得制定战略从来都不是首席战略官的职责，战略的第一责任人必然是创业者本人，还有他的核心团队成员。

别说请不到合适的首席战略官，即便能请到，他们要么没有打过仗，要么打过仗但耐不住寂寞，时刻想要亲自下场，结果由于不熟悉战场而折戟的情况也很常见。

那么首席战略官应该做什么呢？我的理解是，他们可以给出讨论用的框架，做一些外部视角的研究和关于未来趋势的畅想，并且在讨论战略的时候保持中立和清醒，适时地提出问题，引发大家思考。曾鸣教授在阿里巴巴的战略会上绝大部分时间就是在做这些事。当我们争论不休时，他就会站出来说：“我给大家一个框架，我们在这个框架下讨论。”当我们的讨论深陷泥沼时，他会站出来说：“我给大家总结一下，你们大概有三个观点……”当然，曾鸣教授和马云老师看待未来的深度与广度也总是让我们心潮澎湃。

战略是 CEO 和核心团队的重要工作，并不只是首席战略官的职责。从这个角度来看，外部咨询公司也未必能解决问题。像我以前在咨询公司时那样给客户一本厚厚的战略规划，然后收取很高的费用的时代应该一去不复返了。

有的 CEO 认为核心团队并不具有战略思考的能力，所以不知道可以跟谁讨论。我觉得战略思考的能力既不能靠购买也不是一蹴而就的，你需要有意识地去训练团队，甚至逼着大家一起思考与探索，当然也需要一些讨论的方法。

我做过很多次各种类型的性格和领导力测试，印象最深的是 PDP 性格测试。我第一次的测试结果是“老虎”，而最近一次测试结果是“老虎”加“变色龙”。

这中间发生了什么呢？无非就是我认识到一个强势的领导者无法发挥团队的创造力，所以退后一步让自己不要变成团队智慧的瓶颈，学会讨论、倾听，而不只是发号施令。很多 CEO 之所以成为

CEO，是因为性格中的“老虎”起了很重要的作用，但是在讨论问题和训练团队的时候就需要收起“老虎”的霸气和爪子，变成讨论的推动者和倾听者。战略讨论的“场”是 CEO 的场，如何利用这样的“场”做到既有结果又能够训练团队呢？我有 3 个建议。

建议 1：训练心力、脑力、体力，不打无准备之仗

要想让战略讨论带来突破并能够训练团队，作为“教练”的 CEO 需要先有训练目标和计划，思考团队讨论战略时可能会遇到的战略问题、想要突破的方向，以及制定战略的执行方案。此外，确定在遇到问题时和讨论突破方向时，CEO 要考虑是否有激发大家打开思路的地点、氛围、输入内容等，比如讨论针对农村的战略，可以考虑先组织大家走访农村，或者将讨论的地点放在农村。

战略问题往往是非常复杂、困难的，寻找解决方案的过程是对心力、脑力和体力的巨大考验，很多时候用蛮力是不奏效的，要想办法借助“外力”和“场域”。

这里的“外力”指的是可能参考的业务模式、历史事件甚至是毫不相关门类的知识。比如，我们在讨论“生态”时参考了人体、森林、蜂群等各种自然界的体系的构成和运作方式。

“场域”是指一些和当下的问题有关联的地点或情境。比如淘宝从 1 到 *N* 的过程中，面对业务越来越复杂、平台越来越大的情况，如何从创业团队向系统化管理转变，逐渐成为战略问题。当时马云老师带领我们整个管理团队去了西安，学习秦人如何从边境的游牧部落逐步统一中国。学习历史知识让我们扩宽了眼界，我们发现，秦始皇通过“车同轨、书同文以及统一度量衡”大大提高了国家的运转和管理效率，促成了六国的统一局面。而在淘宝的运营中，要提高效率，关键在于数据——数据的格式相通，数据才能互通，才能产生巨大的价值。在纷繁复杂的局面中，我们确定淘宝走向更大规模的关键是数据化，而数据化的关键是数据互通。我们提出了这个突破性的观点并达成了共识。在西安参观秦朝遗址、听有关秦朝的历史故事就是促成这些的场域。

建议 2：打开脑洞，学会探寻

由于经常面对复杂和紧迫的问题，CEO 们习惯了发号施令，但这也就阻断了倾听和探寻。意识到了问题的领导者在员工反馈时往往会注意倾听，但我认为仅仅倾听是不够的，探寻的心态可能更为底层。放弃或者暂时搁置自己固有的看法，多问持不同意见的人“为什么”，怀着好奇和期待去发现自己不知道的事情，是探寻问题真实状况或者最优解的方式。在讨论战略的时候，特别需要的是探寻这个沟通方式，只有这样才能发挥团队的力量。

建议 3：采用多样性的视角

我在湖畔创研中心授课时，常常问打算来参加工作坊的 CEO 们："你们要带谁来讨论战略？"他们给出的回答常常是业务关键岗位。我通常要求来上课讨论战略的团队至少要有 CFO、CPO 和技术研发团队的领导。一方面，这是一家公司的核心团队，除了业务实施，战略也会牵涉人、财、产品服务等各个方面。中台和后台支持部门的参与能让战略的落地更加容易，而人、财、产品服务团队领导的参与，能够让整个讨论过程具有多样性的视角，能够收获多样性视角所带来的创新和红利，这也是最重要的方面。

为了使讨论过程呈现多样性和激发出集体智慧，我们在开设工作坊的过程中也制定了战略讨论的基本规则，供大家参考：

- 所有参与的成员都要全情投入，保持探寻心态，注意倾听和思考其他人的观点。
- 指定一个主持人，确保讨论内容不跑题，且每人都发言，鼓励就某一观点进行讨论。
- 讨论时要求参与者站在 CEO 的视角考虑问题，而不是本人目前所处职位的视角。

- CEO 要注意倾听，高管们要了解 CEO 参与讨论的观点不代表最终结论。CEO 尽量在最后发言，只表达自己的观点。

- 在讨论问题的时候可以设立一个“停车场”，让大家把既有想法先放到那里。这样做既可以“清空”自己，也可以在需要的时候随时取用。

THRIVING

FROM STRATEGY TO EXECUTION

第二部分

战略的长

透视阿里巴巴从 0 到 1 再到 *N*，
重塑战略演进的全新框架

战略是不断的坚持和聚焦——没有好的战略，只有适合的战略，所以战略具有独特性。能够站在未来对今天的战略进行取舍，是战略独特性的关键。

战略演进的过程也是对客户、客户所处环境的深度洞察，以及对独特客户价值的寻找过程。

03

阿里巴巴的战略演进方法论

THRIVING

FROM STRATEGY TO EXECUTION

THRIVING

“死穴”是
一定不能失去的战场。
“生穴”是做不好就
没有未来的战场。

1995 年至 1996 年，很多有关电子商务的畅想、描述、理论出现，它们描绘的都是一个以互联网技术为基础的未来电子商务的商业模型：B2B2C（见图 3-1）。

图 3-1 B2B2C 完整链路

第一个 B 是工厂。工厂将商品生产出来，通过网络连接中间的零售商，再由零售商通过网络渠道销售给最终消费者。这个未来电子商务的商业模式看上去很简单也很清晰，但是真正去做的时候，就能看出各家公司选择的差距。

20 世纪 90 年代，电子商务在美国等国兴起，硅谷的很多公司都是在这个时间节点入局。不过，他们进入这个领域，也并非搭建了全部 B2B2C 的链路，而是各自选择了不同的切入点。

亚马逊于 1994 年成立，选择从 B2C 进入市场。它最初的定位是网络书店，所以是从书籍这个类目切入的。1995 年成立的 eBay 则是从 C2C 个人间的二手交易切入，最初是人们买卖二手商品的网站。

1998 年至 1999 年，中国也有多家公司进入了电子商务领域：当当、卓越从网上书店进入 B2C 领域；携程、艺龙从在线旅游切入；易趣同 eBay 一样，进入了个人交易市场 C2C。而进入 B2B 领域的除了阿里巴巴还有环球资源和慧聪网，另外还有一家公司覆盖了 B2B 和 B2C，那就是 8848 网站。

那个时期应该是中国电子商务的启蒙期。同样的环境、时间和领域，多家公司选择的切入方向都是电子商务，但是切入点不同。今天看来，B2B 是最晚被用户群体接受的，也是最难切入的。

说到这里，我们有必要简要回顾一下马云老师的整个创业历程：1994 年创办杭州海博翻译社；1995 年创办中国黄页；1997 年加入商务部中国国际电子商务中心任总经理；1999 年回到杭州创建阿里巴巴 B2B 网站（见图 3-2）。而创立阿里巴巴，是他第三次创业。

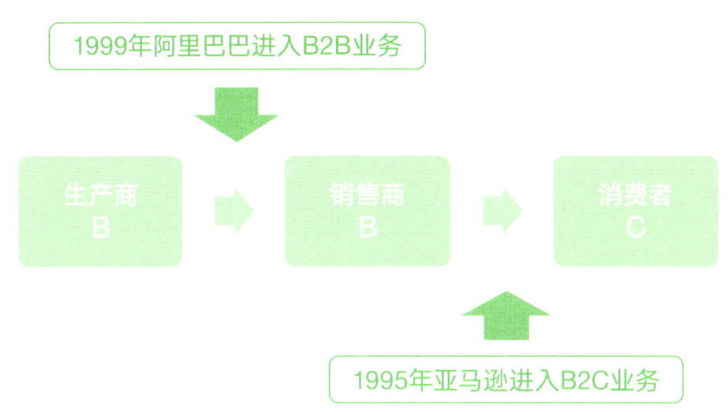

图 3-2 阿里巴巴与亚马逊以不同的业务进入电子商务领域

在我看来，阿里巴巴从 B2B 进入电子商务领域和“能做”有关。马云老师从中国黄页到商务部的网站，一直都在做 2B 的业务，这是他在创业时具有的能力和 DNA。同时，选择 B2B 也和创始人个人的“想做”有关。他最初就想利用互联网让中国企业走向世界，所以阿里巴巴的使命是“让天下没有难做的生意”，这就是使命对战略的引领。从 1999 年开始探索，到 2004 年阿里巴巴确立 B2B 业务的目标是“赚一块钱”，那一年中国供应商产品成型，有了一定规模的收入，并带领 B2B 公司实现了整体盈利。

淘宝是 2003 年 5 月预上线，7 月 10 日正式上线的。关于为什么做淘宝有很多传说，马云老师的版本是那段时间他见了很多 B2B 客户（中小企业主），很多客户说最近有了很多不同以往的客户订单，是 eBay 上的卖家在找他们进货。

随后，他去研究 eBay，发现 eBay 从 C2C 往上走做 B2B 是很容易的。为了给 B2B 业务建造一条“护城河”，淘宝应运而生。

支付宝最初是淘宝上的担保交易业务，2004 年 12 月独立成为公司，从此开始在互联网金融领域驰骋。阿里巴巴的业务版图，经过了一生二、二生三、三生万物的过程：2009 年进入云计算；2013 年 5 月，和各家物流公司一起成立菜鸟网络，秉承“用科技赋能第三方物流”的原则，在这个领域展开探索……

1995 年至 1999 年同一时间段，相信大家几乎都看到了未来的趋势，才会不谋而合地进入电子商务领域。但是由于在“想做”“能做”方面的差异，每一家公司选择了不同的切入点，因此最终走的路也不同。这就是战略选择和执行不同所带来的不同。

在图 3-3 中，我们可以看到在几乎相同的领域中，在不同的公司和业务起点的基础上，其战略演化过程中的相同与不同之处。同时，我们观察阿里巴巴和亚马逊，也可以发现在战略选择中，时机与环境（可做）的关系问题。

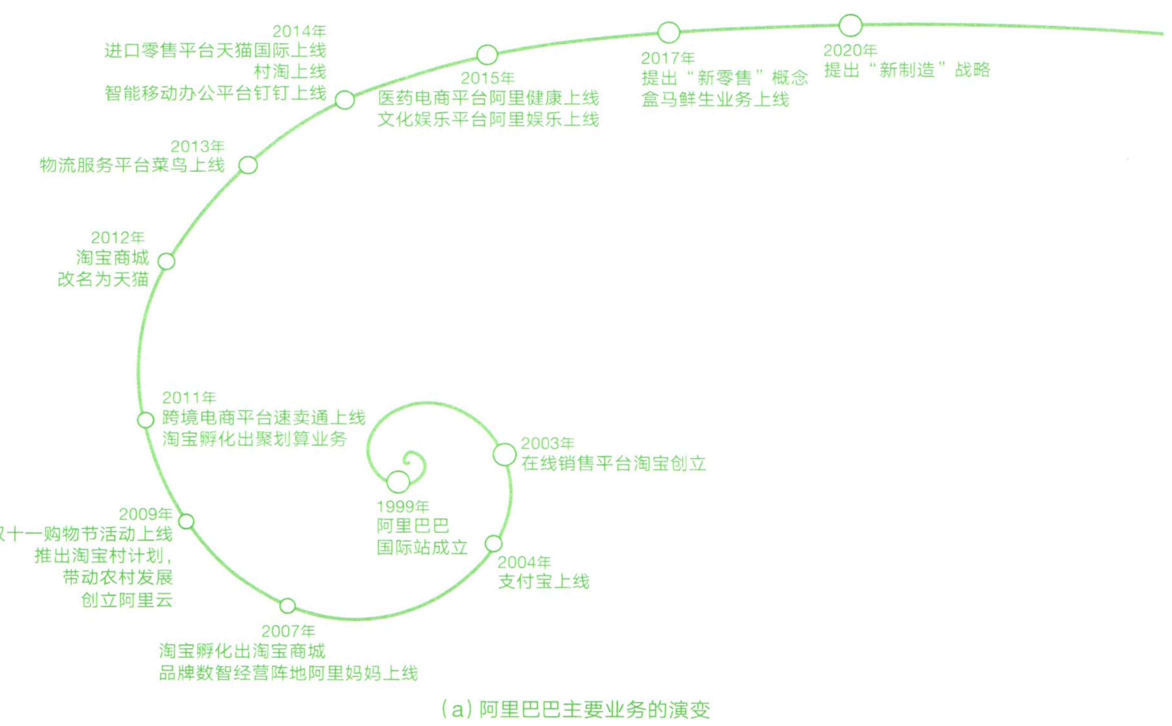

（a）阿里巴巴主要业务的演变

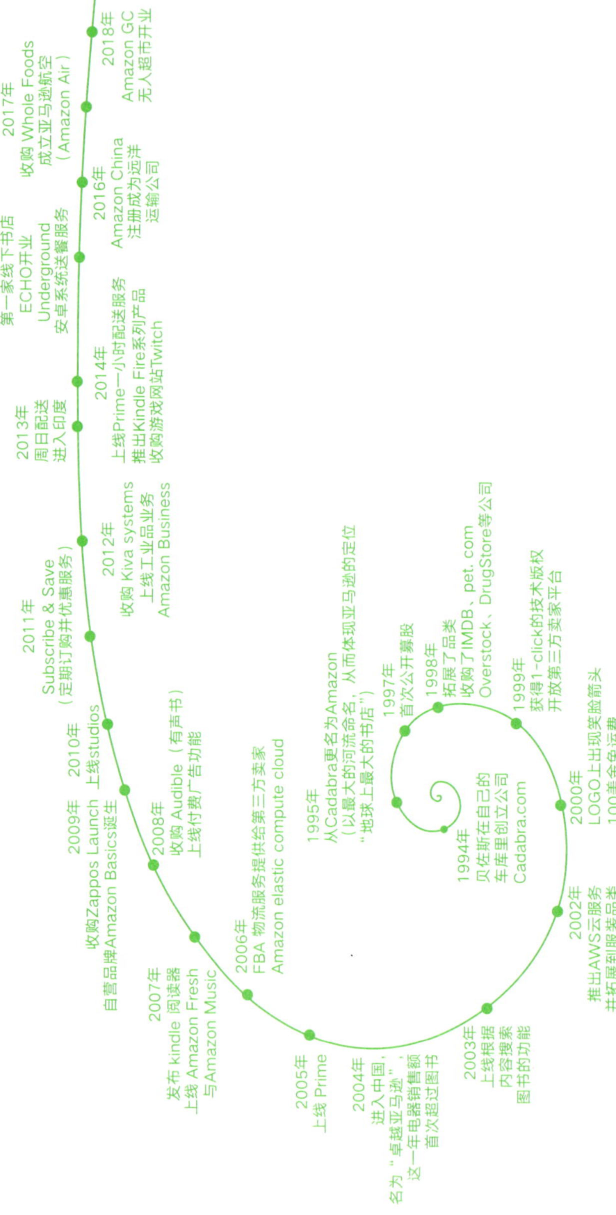

（b）亚马逊的业务演变路径

图 3-3　阿里巴巴与亚马逊业务版图对比

我们还可以从另外一个角度去观察阿里巴巴的战略演化，那就是电子商务的三要素，即信息流、资金流和物流，三流合一才支撑起电子商务的业务（见图 3-4）。

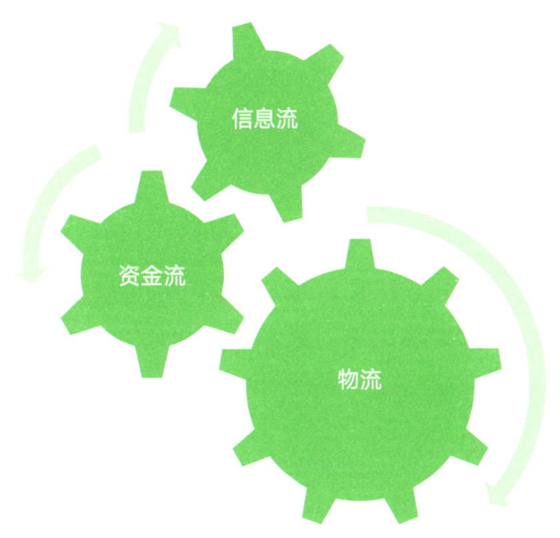

图 3-4 电子商务三要素

阿里巴巴在 1999 年成立之初，当时会上网的个人用户还不多。由于电子商务需要企业能够上网，所以企业用户的数量增长比较快。这也是阿里巴巴最初选择以 B2B 业务作为切入点的原因。由于传统企业间本来就有比较完善的资金流和物流系统，暂时不切入也没有问题。但信息流是企业间电子商务的痛点，由于信息的不对称，业务很难展开。因此，解决信息流问题就是 B2B 业务的客户价值所在。

2003 年开展淘宝业务的时期，中国的大环境是个人网络用户开始急速增加，虽然电子支付出现了，但是个人间的支付采用的多数还是现金和银行转账的方式。所以，淘宝涉及的个人间电子商务除了解决信息流之外，还必须解决资金流的问题，物流则依靠第三方物流公司解决。到了 2013 年，电子商务的发展带动了第三方物流的蓬勃发展，为了提升第三方物流的服务水准，以赋能为目的的菜鸟成立。“信息流—资金流—物流”是阿里巴巴在战略选择上要逐步解决的电子商务要素。

美国信用卡的覆盖率较高，支付系统和信用体系比较发达，因此亚马逊不需要重点解决资金流的问题。亚马逊的 B2C 业务首先从图书品类切入，着重解决的是物流问题。1999 年，亚马逊开始推出开放平台，逐渐丰富经营品类，并且利用自己的底层技术服务第三方卖家。在支付方面，亚马逊选择使用第三方支付，包含信用卡和第三方在线支付平台。“信息流—物流—信息流”是亚马逊在战略选择上要逐步解决的电子商务要素。

2002 年至 2006 年，亚马逊上线了云存储和弹性云计算服务。阿里巴巴也在 2009 年推出了阿里云服务。这些服务起初是为了解决公司内部大量的存储、计算需求而提供的，它们同时也是基于对未来互联网、移动互联网应用存储和计算趋势，以及基于互联网创新服务方式的判断而产生的。现在，亚马逊和阿里巴巴的云计算能力在各自的区域都处于领先地位，所以战略的未来观非常重要。

在战略的演进过程中，创新业务的组织设计也是非常重要

的。当主营业务很强，但无法借力给创新业务的时候，就可以考虑让独立的团队去做创新业务，从而与主营业务做一些切割。当主营业务可能可以为创新业务助力的时候，可以考虑把创新业务放在主营业务单元里面进行孵化。

THRIVING
从战略到执行

在成功大战 eBay 的基础上，淘宝如何不断创建新业务

淘宝初创时，无法从阿里巴巴的 B2B 业务中借力，最终选择采用独立团队作战的形式：无论组织结构还是融资结构，都是独立的。这使淘宝的业务得以顺利发展，也更容易被员工接受。

2004 年，我负责淘宝的市场推广，当时我们团队每天大概会花 30 ～ 40 万元的推广费用。而 2004 年整个集团目标中最重要的一个是“赚一块钱”。看见淘宝的广告铺天盖地，总会有负责 B2B 业务的同事半开玩笑地对我说：“我们辛辛苦苦赚来的钱都被你们花掉了……”尽管淘宝的预算不多，但经常被描述成含着金汤匙出生的“富二代”，这让团队成员很纠结。后来，马云老师对我们说：“能用钱解决的问题都不是问题，你们放心花钱，但是要花得有效果。钱花完了，我们还可以融资。”那时我们才明白淘宝花的钱不是 B2B 赚来的，心里的负担便轻了很多，一心只想把仗打赢。

做创新业务的团队还需要一些破釜沉舟的决心。我

到淘宝不久，正是 eBay 开始围剿淘宝的时候，面对强劲的对手，大家不免有些不安。

就在那时，淘宝召开了一次全员大会，当时的 CEO 孙彤宇对大家说："淘宝做不好，打不赢 eBay，我是没脸回 B2B 的，你们大家也只能就地解散去找工作，所以我们必须赢！"置之死地而后生的勇气是创业团队和做创新业务的团队必须有的心气，正所谓"狭路相逢勇者胜"。图 3-5 就是那次会议的照片。照片中的我们都显得有点"不知天高地厚"。

图 3-5 "不知天高地厚"的淘宝团队

主营业务很强，又可以给创新业务助力的时候，就可以考虑让主营业务孵化创新业务。淘宝在发展的过程中孵化了很多相关业务，包括淘宝商城（天猫）、直播、卖家服务市场、淘客、聚划算……我们常说淘宝就像一个子宫，孕育出了很多"孩子"。

负责淘宝市场的时候，我一直有一个梦想：在做市场时可以不用控制预算。我在淘宝不断地更换岗位，但这个梦想一直未变。

2006 年，我开始负责淘宝的运营工作，过程中发现很多商家也有推广的需求，但是一方面不知道如何操作，对媒体选择和效果缺乏专业的判断。另一方面，淘宝商家的广告预算都比较少，网站媒体也没有服务这类小型广告客户的体系和能力。当时的中小网站在流量变现方面存在很大困难。即使是大型网站，也只有流量极其集中的广告位能保证比较高的售出率，大量流量较小的位置很难售出。所以，我就想是否可以建立一个按效果付费的广告平台，链接淘宝的卖家和中小网站以及大型网站，满足淘宝卖家的推广需求，降低专业门槛，提高效果，同时帮助中小网站和大型网站实现流量变现。

我和负责产品的同事基于这一想法大概画了一张产品概念图，发现这个产品需要的资源很多，而淘宝那个阶段的开发资源实在有限。左思右想后，我就派他拿着产品图去说服“阿里妈妈”团队。

结果这个想法一下就被刚刚成立的阿里妈妈采纳了。2007 年，淘宝和阿里妈妈合作推出了“淘客”，最后发展出“淘客联盟”。这个产品带来的推广流量曾经一度占到淘宝总体新增流量的 50% 以上，为淘宝和淘宝商家的发展做出了巨大贡献。这个创新业务之所以能够成功，离不开淘宝丰富的商家资源支持和淘宝的助

> 力。淘客很好地解决了淘宝卖家和中小网站之间的需求匹配，在产品设计上采用创新的 P4S（售出付费）方式，这是它的独特性所在。同事们戏称我为“淘客之父”，我也凭借“淘客”这个产品获得了 2008 年“淘宝创新大奖”。

所以，战略在演进的过程中，不仅需要对创新业务进行客户需求的深度洞察，寻找独特的客户价值，还需要考虑采用何种孵化方式，帮助创新业务不断产生和成功发展。

基于“该做”的淘宝从 0 到 1

战略课，是我在不同的商学院都必学的一门课，而大多数商学院都是用案例教学的。但实际上，面对这些案例，学生们能够得到的信息有限，他们对战略的分析也基本处于“盲人摸象”的状态。

为什么这么说？是因为战略课的案例总是试图去解释成功的表象，但鲜少提及做出战略选择背后的原因。**成功是很难复制的，战略选择过程中的思维方式才是最值得创业者参考的。**

亲历了淘宝从 0 到 N 的过程，我整理了过程中的思考，希望对大家有所帮助。这不是传奇的故事，是实实在在的“做”：**想得清，做得到，打得赢。**

战略是手艺，更是艺术

加入淘宝之前很长一段时间，我做的都是企业顾问咨询的工作，其中也包括企业战略的顾问咨询。那时，我和同事们常常会在接受任务以后做很多调研工作，使用各种分析工具进行研究，然后讨论形成一项战略，并将它写成厚厚的一本战略规划，交给客户。

每一次将战略规划交给客户的时候，我都很好奇：他们将如何去实施呢？实施中会遇到什么问题？同时，我心里也会有一些不安，战略就是这样的吗？它像我们从小到大做的一道道应用题一样，有一个标准答案吗？

2004 年，我加入淘宝之后的第一年就被拉进了淘宝和 eBay 易趣的战场，每天都想着如何突破对方的封锁。

直到 2005 年下半年，和 eBay 易趣的遭遇战战局逐渐明朗，淘宝慢慢地占据上风。当时，团队越战越勇，看到不断增长的数据，我们每一天都很满足。而应对各种各样的紧急事件，又让我们感觉时间过得很快，很充实。

2005 年 9 月，我们开始讨论淘宝的战略。

曾鸣教授先来给大家上了战略课，印象最深的是他说:“战略是手艺，同时也是艺术。”当时我很好奇，战略不是按照各种理论和工具分析出来的吗？有什么手艺和艺术可言呢？

十几年过去了，我们每一年都按照同一个框架不断地去复盘、发展战略，痛苦地思考、探寻，最后做出调整，进入执行……下一年再来一遍，阿里巴巴的业务也从单一平台走向全生态，再走到今天的经济体。在这个过程中，我渐渐对战略的"手艺"和"艺术"有了一些体悟。

手艺讲究的是熟能生巧，是掌握要点以后多次重复，最后变成肌肉记忆，就是所谓的手感吧。艺术呢？我理解艺术源自艺术家对世界的独特感受，比如同样看见一片落叶，我们看到的是颜色、形状，而艺术家看到的可能是生命的流逝，甚至是看见和感受到树和叶、叶和阳光、空气、水的关系，乃至一叶之中的宇宙。这种感受非常个性化，没有对错之分，其价值在于它的独特性……战略中艺术的部分，可能就是你可以"看见别人看不见"，你可以"感受别人感受不到"的东西，并能将它在战略中体现出来。战略的艺术大概就在于其独特性和不可复制性吧。

从 0 到 0.1，打出来的淘宝

我加入淘宝的前几个月挺受刺激的，先是推荐我去的朋友说："这家公司估计很快会倒闭，你先去上班吧，咱们骑驴找马，回头我帮你介绍更好的公司。"入职以后，我在业务上也很受打击，淘宝当时的 CEO 孙彤宇告诉我："我们今年有

5 000 万元的预算，但是主要的门户网站新浪、网易、搜狐都与竞争对手 eBay 签订了排他协议，不接受我们的广告。”排他协议是我在过往的职业生涯中从未听说过的事情。线下的竞争对手们会拼个“你死我活”，但是我还没有见过这种竞争对手用比你多出几倍的资金直接进行毁灭性打击的情况。这简直是“机枪遇到了导弹，还没露头就被团灭了”。第三件事情是接受了一个“不可能完成的任务”：淘宝在 2004 年进入全球十大网站行列。那时候，淘宝的排名是 400 多名，与前十还有 300 多名的距离。接受这个任务的同时我还知道了一组令人沮丧的数字：当时 eBay 易趣在中国的市场占有率是 95%，淘宝、当当、卓越等一干电子商务网站加起来才占 5%，而那时当当、卓越这些老牌电子商务网站都比淘宝大很多。如果只看数字，很多人会说这场战争早已经结束了……看上去，淘宝毫无胜算。

后来的日子基本上就是天天在战场上，我负责市场，主导和 eBay 易趣短兵相接的突围战。主要流量来源的门户网站投不了广告，我们就尝试在中小网站上投放，同时发现互联网公司在传统媒体上几乎没有投放广告，于是就选择了重点区域——上网人群较多的一线城市的传统媒体作为突围战的攻击点。

大学时期上拳击课时，教练总是对我说，你的力量不足，耐力也不够，首先要保护好自己，保存实力，不要满场乱跑，同时要找好位置，遇到对方进攻时应坚守的原则就是“寸土不让”。一旦发现机会就要拼尽全力，力求一击奏效，如果对方没有倒地就要趁对方没有反应过来不断重拳出击，直到把对方打倒为止，这时候的关键是乘胜追击、全力进攻，所谓“狭路相逢勇者胜”。我的拳击学得不好，但用这种方法偶尔也能打赢一两个比我高大、比我有力量的女生，所以印象深刻。拳击里面以弱对强的策略用在市场竞争中也同样奏效。

2004 年，淘宝在市场方面投入的预算为 5 000 万元，eBay 易趣的预算保守估计应该是我们的 4 ～ 5 倍。拿着相对很少的市场预算去面对财大气粗的 eBay 易趣，我们一方面“佯攻”，帮他们抬高门户的排他广告价格，另一方面在传统媒体和中小网站上寻求突围。

在投放策略上，我们采用了集中猛击。

首先，尽量全面覆盖中小网站。为了实现最佳效果，我们改变了以往的展现付费方式，转而采用点击付费的方式，最后还发展为按注册和购买计费的方式。中小网站没有得到过很多广告收入，所以对各种按效果付费的方式很愿意尝试。可以说，我们的做法算是开了中国互联网广告付费方式的先河。

其次，利用传统媒体集中、多维度触达。电视投放以 15 秒版本为主，与常规的每日投放相比，隔日投放在广告出现频次上是加倍的，短时间内的刺激效果更好。路牌广告的投放也是不追求大，只追求短时间的密集投放，加上公交车身广告的配合，每一次投放都争取在较短的时间内覆盖主要城市的主要街道和公交线路。

最后，充分开发广告媒体的“剩余价值”。买公交车身的广告位时，我们发现过往的公交车身广告位都是以年为单位出售的，而车身广告的售出率并不高。在合约到期后没有新的合约时，公交公司不会主动撤下之前的广告图。对于公交站牌广告，也是如此。于是我们就缩短了合约时间，将省下的钱用于购买更多公交线路、站牌等广告位，充分享受了户外广告的“剩余价值”。就这样，淘宝在市场上名声大噪，很“财大气粗”的样子。

我们偶尔也会开一些“玩笑”，比如在 eBay 易趣总部所在大楼对面买了一块很大的广告牌，结果惹得 eBay 易趣高价买下了我们公司所在的杭州文三路整条路线的公交站牌广告。看到文三路到处都是 eBay 易趣的广告牌时，我特别高兴，我知道我们已经赢了……

2004 年 7 月，我们完成了“不可能完成的任务”：淘宝网站全球排名第十位。那天晚上我们守在电脑旁，等待 Alexa[①] 更新排名，并且准备好了可乐，在线一起庆祝。

但是 2005 年的战局依然胶着，我每天忙着分析各种数据，做着一个个紧急的决定，每天在前行中享受着长久的焦虑与短

① Alexa 是亚马逊旗下一个专门发布网站全球排名的网站。——编者注

暂的快乐。在淘宝成立两周年之际，我们采用了特殊的纪念方式：所有人都戴上口罩，纪念“非典”那个特别的时期。（翻出这张照片的时候，怎么也没想到这居然变成了此刻的常态，见图 3-6。）

2003 年至 2005 年应该是淘宝从 0 到 0.1 的阶段，我们终于从黑暗的尝试期慢慢见到了一线生机和希望。每个团队都在各个方向上做了摸索，有很多教训和少许经验。这时候，我已经具有了一点“做”战略的手感和体感。

图 3-6 淘宝团队用特殊方式纪念淘宝成立两周年

从 0.1 到 1，看不太清楚未来的淘宝

2005 年 9 月，学完曾鸣教授的战略课以后，我们就开始

按照这个框架各自回家去做淘宝的战略，接着管理团队开始讨论战略。

曾鸣教授当时就是讲了前文所说的几件事：从“可做”“想做”“能做”导出“该做”。然后回答“客户是谁、客户价值是什么、独特性是什么”，并且整个过程都要在未来观的指引下进行。那是我们第一次做战略规划，还很稚嫩，思考的深度不够，维度也不够准确、全面，动作倒是有板有眼（见图 3-7）。

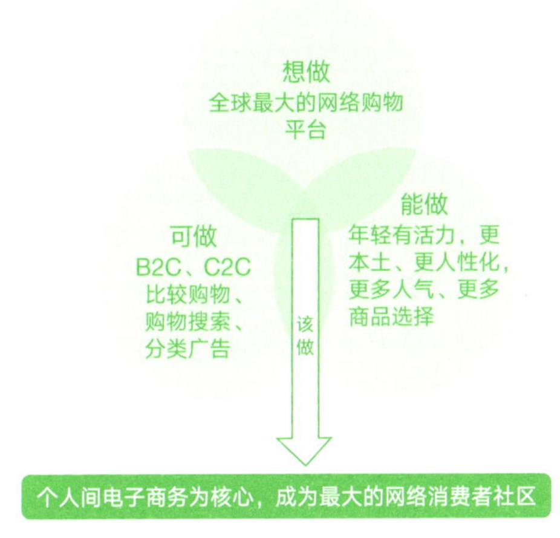

图 3-7　淘宝从 0.1 到 1 阶段的战略图

尽管 2 岁的淘宝在市场上还毫无名气，但我们还是根据“让天下没有卖不出去的宝贝，让天下没有买不到的宝贝”这一使命，在“想做”这里战战兢兢地写下了“全球最大的网络购物平台”。

那时，淘宝会给每一位新入职的员工发一本《完美商店》（*The Perfect Store: Inside eBay*）。这本书讲的是 eBay 的发展史，描绘它是怎样从一个交易铁皮罐的网站发展成硅谷的互联网明星的。就是这本书在淘宝每个员工心里种下的“想做”的种子。我那时有个梦想，退休以后在夏威夷吹着海风，听着海浪声，写中国版的《完美商店》。所以，我们后来总结这段经历时说：梦想还是要有的，万一实现了呢？在这一阶段，我们所有人的眼光都只局限于 C2C，觉得 C2C 就是一切。在讨论产业终局的时候，划水而过，未做过多的思考，理所当然地认为 C2C 就是终局。

关于淘宝的“能做”我们是这样设想的：竭尽全力去做“年轻、高效、本土化”的淘宝。那时候淘宝员工的平均年龄是 25 岁，我虽然拉高了平均年龄，但自认心理年龄从来也没有超过 28 岁。年轻就是无所畏惧，年轻就是活力四射，年轻就有无限可能。另外，这一群 25 岁的小二，了解中国一二线城市年轻人对生活的向往，所以他们在网站上推荐的产品也正是他们自己所喜欢所向往的。这也是诞生于中国的购物网站的本土优势——对本土消费者有足够的理解，是本土化的底气所在。

淘宝的灵活和开放，使得不断在错误中反思和改进成为最初几年重要的团队能力。我们追求高效，比如为了快速对客户的需求做出改进，我们花了近半年时间将产品的发布周期从一个月缩短到了 7 天。

回到“可做”上，淘宝的“可做”可就太多了。

我们花了很长的时间去研究各种电子商务的形态，包括B2C、C2C、比较购物、购物搜索、分类广告等，甚至也分析了它们的发展趋势以及优势和劣势。

三者的交集就是淘宝的“该做”：成为以电子商务为核心的最大网络消费者社区（C2C）。

那段时间，eBay在全球备受关注，可以说是集万千宠爱于一身。2005年年初，eBay在《福布斯》评选的“美国业绩最佳的十家公司”榜单中名列第二。在选择“该做”的时候，由于受到《完美商店》里eBay传奇故事的启发，以及如日中天的eBay的影响，我们自然而然地选择对标eBay，想成为最大的网络消费者社区，提供购物、物品交换、个人空间和社区交流功能。那时我们常说自己“小小的蚂蚁有大大的梦想”。

以上就是淘宝总结了前两年的探索、尝试的经验，做出的2006年的战略选择。接下来，我们就这个战略做了进一步深化，去回答客户是谁、客户价值是什么和如何传递客户价值等问题。

淘宝的WHO-WHAT-HOW

战略的起点是客户，我们从起点思考，首先对“客户是谁”做了讨论。

我们的用户是所有愿意尝试新事物的人

关于淘宝初期的发展史，在目前公开资料上能看到的都是与eBay易趣的竞争。2004年，我刚加入淘宝的时候，eBay易趣的市场份额占整个电子商务C2C市场的95%，淘宝必然要和eBay易趣正面交锋。经过2004年一年艰苦的“缠斗”，eBay易趣在中国的C2C市场份额下降到了73%，而淘宝大约占到了27%。

2004年，中国互联网正处于发展的初期，新增用户近8 000万人，网民总数突破1亿人大关，约为1.2亿～1.3亿人。互联网普及率达9.9%，但电子商务在网民中的渗透率不足10%。

那时候我们知道战略需要未来观，就尝试去看未来10年的趋势，发现除去不能上网的小孩和老人之外，中国14亿人口中网民人数达10亿人是可见的未来。他们对电子商务的接受程度也应该在未来10年达到普及状态。这意味着所有的消费者都可以通过网络购买物品，进行消费。当你看见了这样的未来，就会觉得95%也好，73%也好，都不可怕，因为电子商务才刚刚开始，目前这些情况对于未来而言都可以忽略不计。

于是，我们对未来有了几个比较清晰的判断。

- 未来几年新增的上网人数会迅速上升，会给电子商务带来巨大的发展机会。
- C2C的战争才刚刚开始，谁能得到更多新用户，谁就将最终胜出。

这些新用户既包括没有尝试在网络上购物的网民，也包括未来激增的新网民。这个判断更加坚定了我们在突围战中在传统媒体上投入的决心。

从 2003 年 5 月淘宝诞生起，eBay 易趣就一直说要灭掉淘宝，还定了时间期限，先是在 100 天，后来是 6 个月，最后改为 1 年，但到了 2005 年年底之后，他们就没再提过这件事了。所以，我们在战术上看上去是和 eBay 易趣正面竞争，比如在公关上始终咬得很紧，也会跑到和 eBay 易趣所在的写字楼连通的地铁通道上打广告……在业内人士看来，淘宝和 eBay 易趣是针锋相对的，但事实上我们心里很清楚，我们的目标用户是所有网民（见图 3-8）。

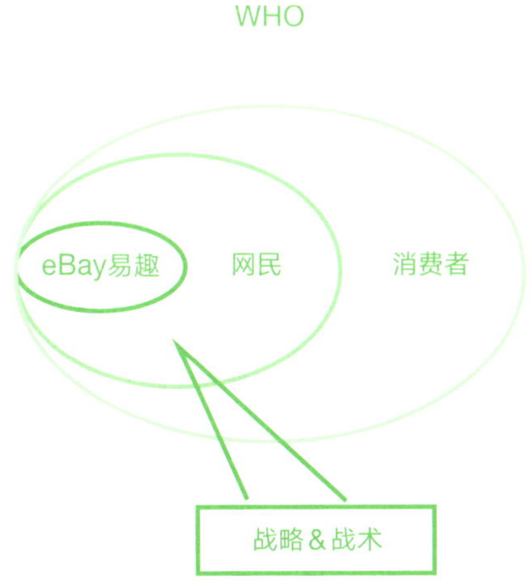

图 3-8　淘宝未来的用户是所有网民

在我们研究哪些城市的网民覆盖率最高时，发现网络覆盖是从一线城市开始向二线、三线、四线、五线城市推进的。基于这一规律，淘宝的市场推广区域首选一线城市进行传统媒体的广告投放，如北上广深加大本营杭州，后来又增加了成都。

因为在制定战略时能够站在未来进行思考，所以我们在实际工作中的决策就变得非常笃定、不摇摆。这大概就是战略的重要作用之一吧。这些在今天看来好像都是非常理所当然的决定，但在当时的环境中，能做到“相信”这些决定是非常不容易的。**今天阿里人常常讲“因为相信，所以看见”，我觉得在战略里的“相信”就源于我们看见的未来，以及对未来的判断。**

在这个判断基础之上，我们再去给客户画像，于是“愿意尝试新事物的年轻人”这一形象就跃然纸上了。所以淘宝的品牌调性、网站颜色、推广活动的规划都针对这一群客户而改变。

我们将淘宝的 LOGO 从深红色换成了充满跳跃性的橙色，是热情的，也是年轻的，还带着一些冒险的快感。同时，淘宝网站上也开始大面积使用橙色。

2003 年的淘宝首页整体设计年轻化，但特征并不明显，风格也不够清晰（见图 3-9）。

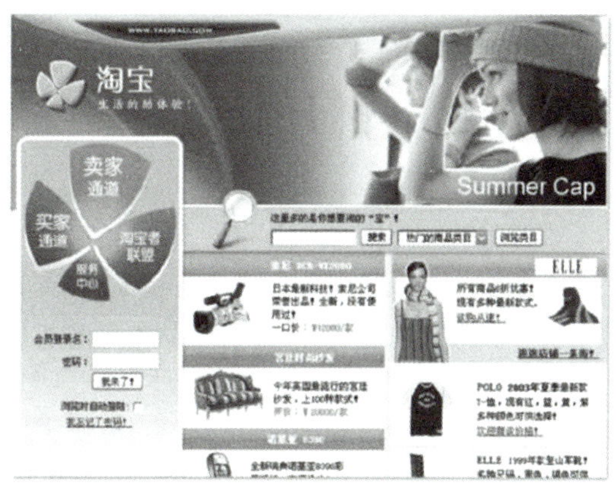

图 3-9　2003 年的淘宝网站首页

2005 年，淘宝首页大面积使用橙色，布局更加专业，以丰富的产品展示为目的（见图 3-10）。

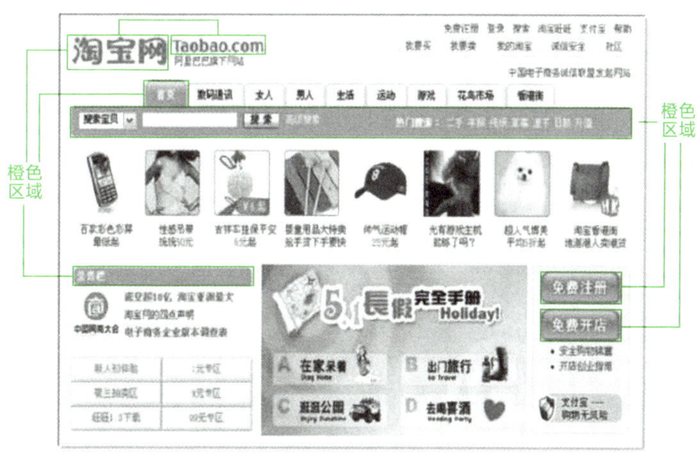

图 3-10　2005 年的淘宝网站首页

因为淘宝是一个平台，所以客户自然还包括卖家，在这上面我们有过非常激烈的争论：我们到底去哪里发展卖家？是线上的 B2C 网站，还是线下的传统商场、品牌商等？是否需要成立一个招商团队专门去做这些事情？为了这件事情，我们开了好多次会，复盘过去的尝试，希望找到答案。

在复盘中我们发现了一个现象：2004 年运营团队的 KPI 是商品数量，他们当时做的第一件事情就是找了 B2C 网站和 eBay 易趣的大卖家。这是团队面对任务时最自然不过的反应，因为对方拥有的商品多。

在好不容易说服了他们来做淘宝的卖家之后，他们大多只愿意提供一个商品的 EXCEL 表，就不再多做什么了。于是，运营部的同事们就开始帮他们开店，上传 EXCEL 表中的商品。最后大家发现即使做了这些事情，这些 B2C 网站和 eBay 易趣上的大卖家也都不会把淘宝当作做生意的地方。一个原因是，B2C 网站想要建立自己的独立站点，所以不会将资源投入另一个与自己有一些竞争关系的平台上；而 eBay 易趣上的大卖家也不愿意入驻淘宝，因为淘宝的机制和 eBay 易趣不同，我们的“旺旺”需要卖家随时在线，这在 PC 时代还是挺难做到的，因为卖家需要一直守在电脑旁边。另一个原因是，淘宝推出了支付宝的担保交易，和 eBay 易趣上先付款再发货的方式相比会有 7 ～ 14 天的账期。这些都让他们很不习惯在淘宝上做生意。

即便如此，我们依然没有明确的答案，所以我们决定将讨论改成：淘宝不要什么样的卖家。这样，我们才终于得出了一些结论：没有创业热情，不主动，不努力，没有服务意识的卖家……总之，不要对电子商务没有热情或者对淘宝没有兴趣的卖家。这样一分析，我们认为传统品牌、线下零售商等“大家伙”肯定不会理我们，这个状况即使有非常厉害的线下招商团队也无法改变。

那么谁会在淘宝上卖东西呢？淘宝运营初期，卖家和买家是混在一起的，有很多卖东西的人刚开始是买家，买着买着看别人可以卖东西，自己也去试一下，结果就变得一发不可收拾了。买家变卖家常常发生在刚生完小孩的妈妈会员身上，因为孩子生下来会收到很多礼物，但小孩又长得太快，尿不湿、奶粉过了那个时间段就不适合了，于是新手妈妈们开始在网上出售、交换这些产品。最典型的是一个叫“柠檬绿茶”的女卖家，她生完宝宝就去开了一个店卖纸尿裤，卖得还挺好，然后开始卖化妆品，又卖得很好。生意实在太好了，老公也辞职帮她一起做，一直做成淘宝第一大卖家。

所以说，关于“我们的卖家是谁”这个问题，我们也不是一下子就想清楚了的，而是在边做边总结中慢慢清晰起来的。为了帮助这些中小个人商家成长，后来我们还设立了“淘宝大学”，让卖家能通过网上的论坛和线下的交流分享，不断提高业务能力。

我们在企业的实际操作过程中需要思考很多问题，真正关键的问题在讨论的初期都是非常模糊、无法厘清的，但我们又不得不面对这些问题，因此会不断地进行讨论。我们在淘宝习惯了“倒立看世界”，逐步形成了这个独特的“解题思路”：当一个正向的问题在正向的讨论中陷入僵局时，可以尝试从相反的方向寻找答案——哪个方向一定是行不通的，什么方法是一定不用的，什么人一定不是客户……这样便可以把答案的范围慢慢缩小，也可以让讨论和探索逐渐聚焦，知道“不要什么”也是一种答案，甚至是非常重要的答案。

扩大生穴，守好死穴

寻找客户价值的时候，需要关注“生死穴”。**我把做不好会导致客户流失的客户价值部分叫作“死穴”，把做好了能让客户留下并能吸引新客户的客户价值部分叫作“生穴”。**死穴处于守势，做好了未必会有发展，生穴处于攻势，只有做好才会带来未来和发展，所以客户价值中的生穴和死穴都需要关注。

2005 年，我们在总结客户价值时，在买家这一端列了很多，最后我们觉得最要紧的事是交易安全。那时，我们每年都会做客户调研，发现很多用户浏览完商品后没有下单的原因是害怕交易不安全，他们担心付款以后拿不到商品。所以，交易安全是我们客户价值中必须牢牢护住的死穴。

我们去问消费者最早触动他们愿意在淘宝下单的原因时，很多人告诉我们是因为便宜。然后，我们又去查看了客户第一次消费对应的客单价，发现是 45 元。类目则主要为服饰、话费和点卡。女性消费者往往是在看见了心仪的服饰而且价格相比线下购买又很“便宜”的情况下开始尝试下单。而购买点卡的大多为男性消费者。他们半夜打游戏或者发现手机没有话费的时候，选择利用网络进行充值是因为方便。2005 年至 2006 年是我们大量吸引新用户的时候，所以，“便宜、方便”就成了客户价值中必须好好扩大的生穴。

那么，卖家端的客户价值呢？当然最终是想要让卖家持续赚钱，但是短期内这很难做到。我们发现卖家尤其是新卖家来淘宝，赚钱不一定是唯一的目的。他们告诉我们，把家里闲置的东西卖出去很像一个游戏，因为可以互相评论，还可以聊聊天交个朋友，很新奇、很好玩。所以“有乐趣”和“低成本”就成为卖家的客户价值。“有乐趣”是生穴,“低成本”是死穴，这也是淘宝不断在向市场宣布“免费”的原因。

所有的选择，都要能在生态中生长

下一步要解决的是如何做（HOW）的问题。我们当时列出来的方法就是“平台 + 社区”，“平台”的主要任务是完成买卖双方需求的高效匹配，帮助交易顺利完成。直到今天，淘宝和天猫平台还是以此为主要目的，只不过手段和方法在不断变化。社区，严格说其实是社区化，秉承的是互联网 2.0 的思想：

让用户成为主要内容的贡献方，促进互动，产生正反馈。比如评论，就是淘宝社区化的最重要内容，也构建了支撑淘宝很多规则运行的信誉体系。消费者的评论内容同时也给其他消费者提供了参考价值，鼓励了消费；从另外一个角度看，这也是市场的进化机制，可以督促卖家提供更好的商品和服务。

我们还考虑了如何竞争的问题，最后我们得出的竞争手段是：比竞争对手更高效、更本土化。2005 年，淘宝面对的不仅有继续来势汹汹的 eBay 易趣，还有一个强劲的国际玩家——雅虎在中国开启的 C2C 网站“一拍网”。

在那个“拼爹”拼不过两个国际巨头的情形下，我们就只能最大限度地发挥本土化优势了。

PC 互联网时代的网站设计分为两个流派。一个我称之为“性冷淡派”，比如雅虎。这类网站页面的主视觉以蓝色、紫色、绿色为主，多采用冷色调，整体非常干净、简约、高级；另一个我称之为“土味派”，比如以新浪为代表的门户网站。这类网站喜欢用一些红红绿绿的颜色，把整个页面分割成一个个小豆腐块，夹杂着与周围环境不搭的各种图片，感觉很像过节，热闹但给人的感觉是乱糟糟的。这两类网站不仅给人的感觉不同，页面结构也有很大差别。早期国际化的网站，一般左边是导航，右边是内容，有很多留白。国内网站中的导航以导航条的形式出现在页面最上方，下面是切割成一小块一小块的栏目，文字很满，很像报纸的排版形式。

我进淘宝之前曾在一家非常有名的设计公司工作过，看着淘宝网站心里自然各种不舒服，特别想改。经过一段时间的研究，我发现在那个时期，国内的人浏览网站的习惯更类似于看报纸：喜欢拥挤、热闹的感觉，可点击的地方要多。从热点测试的结果看，国内网站的热点分布跟欧美国家的热点分布也不一样。所以，我们后来采用暖色调的橙色作为淘宝网站的主色，首先给人一种很热闹的感觉。同时，尽量在页面上展示更多的商品，因为这些都符合中国人的习惯。这就是本土化和客户视角的体现。

过去很多年后，常常有创业者们问我：你们是靠免费战胜 eBay 的吗？

从业务模式上看，淘宝和 eBay 最大的差别的确是免费。但是硬币总是有两面的：免费一方面让卖家的成本或者进入的成本变低，但它的另一面是一场灾难。在淘宝，卖家上传商品虽是免费的，但结果就是商品的种类和数量非常“丰富”。它同时也造成了买家的困境——同类商品太多了，真实性得不到保证，因此买家的选择成本很高，效率不高。eBay 对上传商品收取一定的费用，除了带来收入以外，相信另一个很重要的好处就是商品的质量会比淘宝上的好很多。多年以来，淘宝的难题一直是如何从上亿甚至几十亿的商品海洋中将消费者需要的商品选出来。从早期的发布期七天一次下架、橱窗商品，到“千人千面”，再到现在利用大数据、算法进行人货匹配……

但也正是这种免费上传的模式给淘宝带来了勃勃生机。我负责运营时每天都会去看一个名为“其他”的类目——那些不知道放在哪个类目的商品就会被放在这里。这个类目是一个自然生长的地方，很多新事物就是从“其他”里出现的。比如，有一段时间，我们发现有人在那里上传了“帮你装修店铺”的商品，还有“帮你做模特”的商品。仔细研究后，我们发现卖家的需求也可以在淘宝得到满足。慢慢地，我们把这些给卖家服务的相关商品聚集起来，就变成了淘宝现在“卖家服务市场”的雏形。我特别喜欢淘宝上的这个能生长的地方，这也就是我们通常说的留白：不要把所有的事情都规划得严丝合缝，给客户、团队留一些发挥的空间，然后我们只要静静地期待惊喜就好了。任何选择都不是完美的，我们想要这个，就没有那个，这是必须接受的事实。

淘宝不是靠免费就躺赢的，有时候“灾难”会从意想不到的地方冒出来。当淘宝的类目位列全球购物网站之首时（到现在应该一直都是），商品数量、带宽成本、计算量的技术挑战都是难以想象的。所以，我们身处的战略是一个系统，它让每一个选择都不孤立，都会牵一发而动全身。这要求我们在做选择的时候，做到目标明确。虽然系统、全面的思考是最基本的要求，但有时全面是不可能完全做到的，需要我们在做的时候随时观察进度，随时调整，不断在做的过程中完善。

基于“未来观”的淘宝从 1 到 *N*

很多时候，我们事后看别人的战略演进，会感觉他们的每一步战略选择似乎都是神来之笔，但那些神来之笔是从哪里来的，又是如何画下去的，这些冰山下面的事情很少能够被了解。淘宝从 1 到 *N* 的过程也许可以给大家一些思考和启发。

淘宝诞生最初的目的是保护阿里巴巴的 B2B 业务。2003 年 5 月，淘宝试运营，7 月正式上线，毋庸置疑，那时候淘宝最大的学习对象就是 eBay。

淘宝最开始是在一个几乎免费的架构上面搭建的，产品的概念是基于二手商品为主的 C2C 交易模式：交易方式分为拍卖和一口价，一个订单只能包括一个商品，一次购买多件商品的情况不在考虑范围之内。当然，eBay 早期的社区精神也深深地影响着淘宝，“淘宝是大家的淘宝”，淘宝的员工叫自己“小二”，不断听取会员的意见，共同建设淘宝网站。

易趣是 1999 年成立的，它的 Slogan 是“交易的乐趣”，从接受 eBay 投资到 2003 年被 eBay 收购，易趣几乎和 eBay 长得一模一样。

我们在做淘宝的过程中，发现了很多本土化的问题，比如中国的消费者其实没有那么多的二手商品需要交换，他们更想要迅速地买到便宜的商品，或者通过在网上开店赚钱与创业。所以后来适合二手商品的拍卖这种交易方式就渐渐淡出了淘宝，而一口价的交易方式成了主流。

2005 年，淘宝还做了一个重大的产品调整：在信誉体系中将买家和卖家的信誉分开计算。

在基于社区和二手交易设计的信誉体系中，买家和卖家的信誉是分不开的，买一件东西和卖一件东西同样都是得 1 分，这样的设计非常适合社区型二手交易的特征——买家和卖家身份随时转换，没有专业的卖家身份，只是基于有无物品交换需要而进行切换。虽然 2004 年的 eBay 已经出现了专业的卖家，但是产品形态依然没有变化。淘宝在创建的第二年就意识到了这个问题：当买家和卖家的信誉混在一起的时候，买家很难对卖家进行信誉判断，所以对交易达成也并不能起到促进作用。将买卖双方信誉分开后，当会员采取不同身份时，系统会相应地显示他的信誉情况，这大大提高了信誉体系的参考价值，对交易促成和卖家专业性都有积极的影响。买家和卖家信誉分开、旺旺、支付宝应该是淘宝在产品和服务层面全面超越 eBay 的分水岭，从此，淘宝就向着一条前无古人的大路飞奔而去。

2005 年年底，做完战略之后，我们以为可以“看到”未来 5 年，于是带着满满的信心，心无旁骛地向着世界第一的 C2C 网站这个目标前进，从来没有去想过 B2C 之类的事情。

2006 年 5 月，阿里巴巴集团开了一场战略会议，将愿景做了调整。

- 5 年目标是：创造 100 万个就业机会、100 亿元的收入，让 1 000 万个企业能在阿里巴巴网站上生存，并打造 1 000 亿元的产业链。
- 10 年目标是：2016 年成为世界三大互联网公司之一，成为世界民营企业百强之一，成为亚洲最佳雇主公司。

这时候的淘宝还不是阿里巴巴集团的主干业务，愿景中“创造 100 万个就业机会”跟淘宝有一些关系，至于收入……我们还是一个亏损很严重的业务。

阿里巴巴集团给淘宝的指令是没有什么逻辑的，只罗列了一些模糊的方向：专注 C2C 和 B2C，B2C 的买家是所有网上的购物者，B2C 针对的卖家是中小企业。主要的付费卖家则是大型销售商和中小企业，其中包括民航、音乐提供商、点卡、大米类产品提供商……下一步主攻方向是外部，确保用户界面稳定，从目前的 C2C 向 B2C 靠近，让用户感到安全。

我们接到这样的指令其实很懵，不知道为什么要这样，但没有人跟你解释为什么，也没人告诉你怎么做。于是，我们逼着自己去理解和消化这个事情，尝试把自己投放到未来，再从未来看现在。

看未来就是要看清产业终局

产业终局其实不是真正的终局，而是 5 ～ 10 年后的产业格局。我喜欢“终局”这个词，是希望能够在战略的未来观中更有“终局”观感，那是持续大战以后的“尘埃落定”，也是“落子无悔”的从容。如果我们要把企业做成一个无限的游戏，作为参与者需要有建设者的思维，作为企业就要有始终是“玩家”的目标。**我们看“终局”就是要思考，如何能够做到那时我们还在场上，并且站位还不错。**

2006 年，我们依然没有拥有能够看见未来的水晶球。那么，我们如何去看见未来呢？

我们讨论的第一个问题与互联网的发展相关，就是：在未来它会不会像水、电、煤一样是必需品，能唾手可得？这个答案是肯定的。第二个问题是：5 ～ 10 年后电子商务的渗透情况会不会和网民重合？这个答案也应该是肯定的。当时，我们查了很多资料，大家都说 2012 年会是“移动互联网元年”，所以我们决定把时间段放在 PC 互联网（2006—2012 年）的阶段来考虑（见图 3-11）。

那么，2012 年的产业终局（格局）是怎么样的呢？我们实在很难描述想象到的场景。好在前一年做战略时已经研究过所有电子商务的形态，基于这些形态，我们开始认真讨论产业的终局。

不久前
1996年

- 几乎没有互联网用户
- 没有移动手机用户

现在
2006年

- 1.2 亿互联网用户
- 2 000 万在线商家
- 4 亿移动手机用户
- 3G 网络即将发布

未来
2012年预计

- 8 亿移动手机用户
- 手机用户全部激活 3G 网络
- 4 亿移动上网用户
- 3 亿 PC 端上网用户
- 2 亿家在线店铺

图 3-11 2006 年，淘宝预测的 2012 年电子商务市场

艰难的讨论并没有什么结果，所以我们只能尝试寻找对标的场景，把目光聚集到某一个城市的零售业态，因为单个城市比较好分析。我们当时选择的是淘宝所在地——杭州。

杭州的零售业态主要有如下几种：银泰这样的购物中心；龙翔桥市场（类似于北京的秀水市场）这样的自由市集；每个城市都会有的一些二手市场，包括古董、邮票等以爱好者为主的市场，比如杭州的吴山花鸟城；大量开在闹市区街道两旁的各种品牌的专卖店、主营店、超市。

比对着现实，我们预测未来网上应该也是这样四种主流市场形态：B2C 平台购物中心、小 B2C 的自由市场、各种独立的 B2C 和 C2C 二手市场（见图 3-12）。

在针对这四种形态做了更深入的分析和比较，甚至将自己家庭的花费金额代入其中，好不容易将达成一致的总体份额占

比画到饼图上时，大家都惊呆了（见图 3-13）。

图 3-12　淘宝 2006 年预测的未来网络市场形态

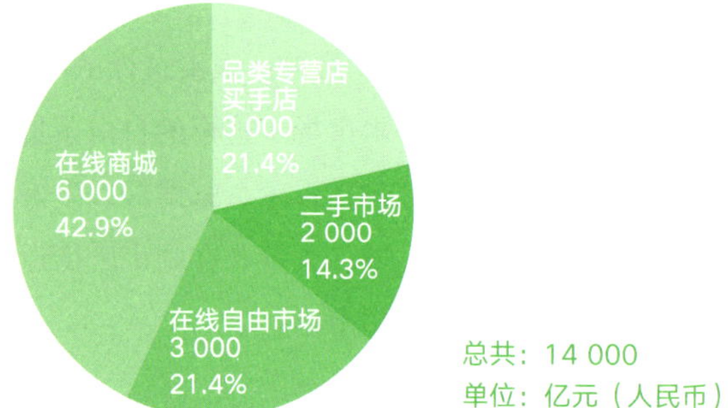

图 3-13　四种市场形态占比情况预测

我们发现，2012 年电子商务成为主流消费方式的时候，其市场份额可达 14 000 亿元。此时，主流消费者的主流消费将会在在线 B2C 平台购物中心发生，因为那里的商品品质有保证而且种类丰富，它的市场份额将是 6 000 亿元，为自由市场 3 000 亿元市场份额的 2 倍，而且利润是自由市场的数倍。淘宝如果困守在自由市场，即使能够独霸天下，也只能占到整个市场交易额的 21.4%，而且利润不高。

那么，我们是固守自由市场，还是选择更广阔的天空呢？这在现在看来是一个赛道选择的问题。最后我们决定，首先重点出击在线商城的重要阵地，立即占领二手市场，并同时保住在线自由市场的安全阵地（见图 3-14）。

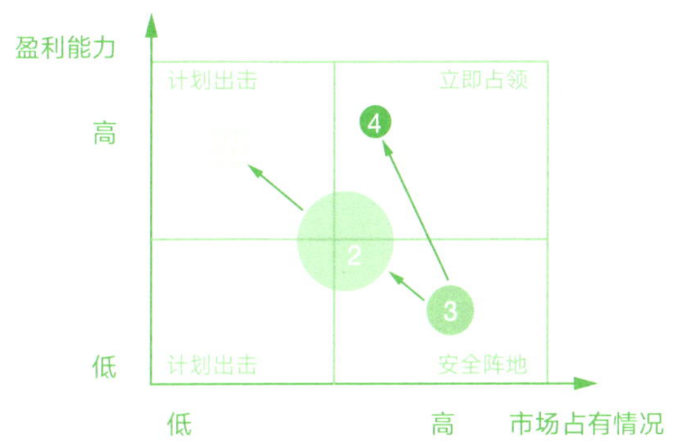

品类专营店、买手店 ② 在线商城

③ 在线自由市场 ④ 二手市场

图 3-14 四种市场形态的分析

能够把自己投放到未来看一看是非常必要的，当看到的世界和别人完全不同时，做出的选择自然也会非常不同。2005 年我们做战略的时候，并不是没有看未来，但是看未来主要集中在客户这个维度，“可做”这个块面的商业模式方面，可能因为 eBay 的“光环”太亮，并没有让我们花太多时间去思考未来，而是本能地选择了 C2C 模式。所以，未来观应该是在制定战略的整体过程中都需要关注的，而从不同的维度、视角去看未来的确是团队需要集体提升的能力之一，这大概就是不断思考和练习的必要之处。

基于这样的“看见”，我们理解了集团给淘宝的模糊指令，再一次梳理了淘宝的使命和战略。提升购物体验是淘宝的使命，战略定位是要做网上商圈，网上商圈的构成被按照客户需求相应地分成几个部分（见图 3-15）。

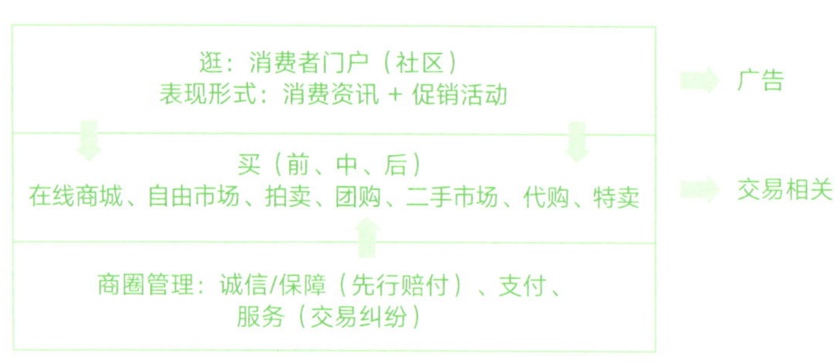

图 3-15 淘宝 2006 年规划的未来业务模式

- **逛：**消费者门户（社区），表现形式为消费资讯与促销活动。
- **买：**涵盖了各种可能的交易方式和模式，有在线商城、自由市场、拍卖、团购、二手市场、代购、特卖。

- **强大的商圈管理：**包含诚信环境、交易保障、安全支付以及平台服务。

可能的盈利模式为广告和交易相关服务费等。

这张图画出来的时候，大家一度以为这会是我们的电子商务王国的未来疆土。14 年后再回望，那其实是今天的电子商务市场的版图。其中的每个部分都产生了非常优秀的公司，例如消费者社区中的小红书，团购起家的美团，代购起家的考拉，特卖起家的拼多多……幸运的是，在最大、最肥沃的疆土上，都有阿里巴巴的身影。

战略是不断取舍和坚持

从战略到执行就是要“看得见，做得到，赢得了”，只有“看得见”是远远不够的，为了实现“做得到”，战略制定中最关键的东西是坚持和取舍。坚持和取舍的定力都源于对未来的判断以及自我能力的认识。

叔本华曾说：“人虽然可以为所欲为，却不能得偿所愿。”绝大多数时候，做选择是很困难的，因为人们想要的太多。

我看见过这样一句话，很受启发：资源太多的人，两手都抓着资源不放，没有空手去拿别的东西。舍弃是一件很困难的事情，受欲望的驱使，我们往往不愿意舍弃任何东西，战略却要求我们首先学会选择，这就是战略中反人性的地方，战胜自己的时候才会拥有更多。

在做选择的过程中，我有一些原则帮助自己直面选择的痛苦：

- 事不过三，最多只能选三件事情。
- 先去除最难、最不重要以及最不符合能力的。
- 在剩下的里面，留下最重要的三项。

我们在业务选择上还有一个"油田开采"原则——油多的地方先开采，边边角角最后开采。尽管自由市场和二手市场是淘宝已经有的，在线商城（B2C 平台）是未知领域，但是从市场规模和利润率方面考虑，在线商城属于油多的区域，所以优先级很高。

2006 年，我们在交易模式上做了艰难的排序，优先级顺序变为自由市场、在线商城和二手市场：

- 自由市场是已有的，但是未来的规模不会很大，目前必须不断加强，迅速扩大规模，站稳脚跟。
- 在线商城是未来最重要的阵地，也是持续发展的关键，所以是需要投入重兵摸索、发展的。
- 二手市场未来会和自由市场并列，但是不知道什么时候爆发，是需要养着、探索和等待的业务，也需要布局。

对这三个市场采取不同的策略、目标，在开始时未必那么清晰，也有很多直觉判断的成分，但是每一个团队都觉得自己的未来很清晰，目标很明确，在战略的执行过程中也会不断地调整站位，逐渐形成了淘宝不断攻城略地，孵化在线商城、二手市场的格局。我想这应该就是不断进行战略能力训练的结果。

消费者门户和商圈管理这两者，一个是流量的入口，另一个是基础建设，它们和市场建设是并行的，这样一来就有了一个简化的商圈模型。从这个角度看，2006 年淘宝的战略是两个层次的“事不过三”的套叠。第一个层次是入口、市场（交易模式）、商圈管理；第二个层次是市场（交易模式）层面的，如淘宝扩大规模、在线商城重点探索、二手市场布局。

战略覆盖的时间段一般为 3 ～ 5 年，2007 年至 2009 年，淘宝“从战略到执行”的重点是建立网上商圈，所以我们将淘宝未来 3 年的商圈业务模式雏形总结为图 3-16。

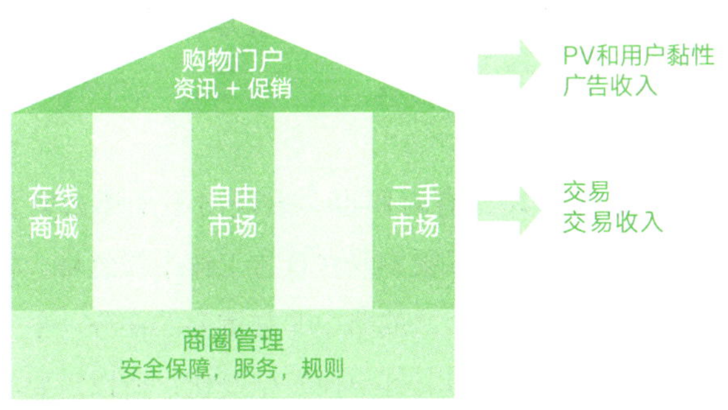

图 3-16　淘宝未来 3 年的网络商圈

战略在有选择的同时也要有坚持，不能“狗熊掰苞米”。我曾经接手过一个并购的创业公司，梳理产品的时候，发现只要互联网流行什么它就做什么，成立没有几年的公司做了几十个产品，但所有产品的处境都是“有人生，没人养”的状态。没有用户，没有流量，也没有人管，公司的业务也是非常摇摆。团队不断做新产品，处于疲于奔命的状态，但是因为没有最终成功的产品所以完全没有成就感。这种状态在创业公司很常见，也是战略不太清晰的体现，虽然有“舍弃”，但是没有“坚持”，寄希望于做一个热门产品可以“一招鲜，吃遍天”。多方试错是没有问题的，但在放弃之前需要好好思考：问题出在哪里，是否到了放弃的时刻。

战略要兼顾“生死穴”

战略的核心是客户价值，从战略到执行都应围绕客户价值展开，而客户价值需要兼顾“生死穴”。**“死穴”就是我们做不好就会死的地方，“生穴”就是做到了才会活得更好、才会有发展的地方。我们不能只管“生穴”而忘记“死穴”，或者只保住“死穴”而没有“生穴”。**

死穴常常被忽略，有时候也会表现出不是那么紧急的状态，而且变化不大，所以很容易在日常工作中被忽略。将它辨识出来，并且持续投入，是战略中非常重要的任务。生穴事关发展，会随着时间、环境、客户而发生变化，所以需要经常复盘。需要对客户的变化保持极高的敏感性，也要有未来观，看见未来的发展趋势。

在淘宝的初期，我们确定的客户价值中有“便宜”，也有“安全”：“便宜”可以让客户愿意尝试电子商务这种方式，而“安全”交易做不好的话，整个业务就会垮掉，即使再“便宜”也是徒劳无功的。后来，随着业务的不断发展，生穴内容也发生了很多变化，但是“安全”交易始终都是必须要严防死守的地方，一直没有发生变化。

有时候，同样的客户价值在不同的战略之中也可能分别表现为生穴和死穴。比如用户对“便宜”的感受虽然相同，但对企业来说战略选择就可能完全不一样。在拼多多的战略选择中，客户价值主打的是“便宜”，便宜就是它的生穴，死穴是便宜的价格对应的商品品质过得去，但是不必非常好。每日优鲜主打“好吃不贵”和“送货速度快”，生穴是送货速度快，死穴是相对于好吃的不贵（便宜）。这里的便宜是相对的便宜，同等品质下的便宜。

在整体战略的选择上，也是有生死穴之分的，死穴是一定不能失去的战场，生穴是做不好就没有未来的战场。比如，2020 年新冠肺炎疫情对在线教育行业产生的是正向的影响，它让“猿辅导”“作业帮”等在线教育前所未有地蓬勃发展，过去非常成功的线下教育公司“好未来”在这个时间段所面临的就是转型的生死之战：死穴是必须牢牢守住线下 K12 教育市场，但是线下市场在极度萎缩，如果不能及时发展线上教育就没有未来，所以他们及时推出了“题拍拍”全力转型，发展生穴。当然，2021 年 6 月国家出台课外辅导新规以后，所有在线教育公司又会面临新一轮的战略选择，这时候生死穴又将被重新定义。

辨识“关键战略问题”

关键战略问题是战略执行中的尖锐矛盾所在，通常都伴随着艰难的选择。关于客户、客户价值以及实施过程中业务模式方面的问题都有可能是关键战略问题，同时如果实施这个战略影响到现有业务时如何处理，创新会给团队带来哪些冲击以及平台模式里面的第一客户是谁，这些都是随之而来的问题。

淘宝创立之初，我们遇到的第一个尖锐的关键战略问题就是：淘宝的客户到底是买家还是卖家，二者的关系是什么？买家和卖家利益不一致时，平台该如何选择？

淘宝做的是平台，所以必然有两个角色存在，不是所有产品、服务、规则都对双方有利。尤其是当这些会损害既得利益者一方的利益时，可能会遭受到很大的抵触。因此在现实中做判断时，看清最终客户是谁非常重要。

我们曾经对此进行过激烈的争论，最后发现淘宝未来的盈利也许更来自卖家，但是卖家愿意付费终归还是因为有买家，有生意存在。所以，我们一旦发现产品设计不是对双方都有利的时候，一般我们会从买家的角度去思考，然后思考对卖家的影响是不是短期的、局部的。比如“旺旺”和“担保交易”最终会带来更多的买家，让买家买得更多，总体上对卖家这个群体是有好处的。

淘宝的第一客户是买家，等这个关键战略问题明晰以后，当在执行过程中遇到不能同时对买卖双方都有利的产品、规则、服务时，由于共识已经达成，所以决策的品质和效率会相对高很多。

那么，如何将关键战略问题找出来呢？我的经验是要诚实地面对自己和团队。通常，这些问题都会在执行的过程中不断困扰团队，能够将它放在桌面上讨论就成功了一半。也许短时间内大家并不能达成共识，需要不断在过程中坦诚地面对问题，寻找共识。

另一类关键战略问题也是关键战略事件，它通常是指战略中的转折或者会影响结果的重大事件。比如，淘宝 2006 年的战略中还有一个关键变化，就是计划收费，这对淘宝而言是一个巨大的变化，所以它是关键战略问题，即事件。

将事件型的关键战略问题辨识出来，体现了这件事情对于战略实现的重要性，这样一来，我们在执行过程中就会对它高度重视并集中资源投入。

不要用战术的勤奋掩盖战略的懒惰

什么是战术？战术是为了应对某一个具体情况而采取的具体而短期的行动。战术一般都比较吸引人，好玩、好听，感觉像一个传奇故事。

比如在 eBay 易趣的办公楼对面投放广告，还有到一些门户网站上和 eBay 易趣抬价，这些惹怒对方以及消耗对方子弹的事情都是战术。2005 年，淘宝的市场推广预算是 8 000 万元人民币，据说 eBay 是 8 000 万美元，那时候人民币对美元的汇率大概是 1∶8.9。所以我们通过抬价去消耗对方的子弹，有一个网站的年度合同从 2 000 万元人民币开始出价，最后以 6 700 万元人民币和 eBay 签约。还有一家游戏网站从 1 000 万元起谈，最后以 3 800 万元签约。而且对于那家游戏网站，我们事先是有判断的：游戏用户以男性为主，并不是我们的目标人群，那就更要去抬价了——让敌人把子弹用在错误的方向上。

就这样，2005 年 eBay 贡献了当年互联网广告 1/4 的份额。到了当年三季度末，我去问某个网站的排他协议上是否有 2004 年 12 月成立的 alipay.com。当时年度广告投放谈判都是在前一年的 11 月进行的，支付宝还没有成立，所以并没有出现在排他名单上。所以，我回去就把淘宝广告指向的页面放在 alipay.com 域名下，用支付宝的名义在该网站上投放广告。eBay 易趣围剿淘宝的铜墙铁壁就这么被打破了。到了 2006 年，各家门户网站发现淘宝不仅没有死，反而越做越大，他们觉得和 eBay 易趣签排他协议倒不如两家都接，所以排他联盟便逐渐瓦解了。

2004 年至 2008 年，多家公司纷纷加入电商赛道，觉得有钱可赚。于是，淘宝接连遭遇了百度的“有啊”、雅虎的“一拍”、腾讯的“拍拍”，这让我们觉得所有的“狼”都来了。

腾讯的“拍拍”一上线就推了“一键搬家”功能，让淘宝卖家可以直接将淘宝店铺里的商品一键搬到拍拍上，在拍拍上继续开店。腾讯还用比淘宝的工资高几倍的方法从淘宝团队挖走了不少人。拍拍在产品功能上照搬了淘宝的所有产品，比如担保交易、消费者保障等源于我们探索中的创新。

刚开始面对这些情况，我们也很慌。后来我去询问了一些卖家，其中一个卖家告诉我他每天在淘宝和拍拍上成交的单数都是 100 多单，但是在淘宝上履约成功的大约为 95 单，而在拍拍上最后能够履约的大约只有 10 单。其他卖家的情况也差不多如此，我就不太担心了。淘宝的客户价值在运营过程中分成两个层次：底层是“交易安全”，这是死穴；上面一层是“交易效率”，这是生穴。交易的履约率就是评判卖家交易效率的一个重要指标，因此我们建立了一整套系统不断提高交易效率。产品的模仿是容易的，是战术性的，而产品背后的 WHY，也就是“客户价值”的思考和建立才是战略性的。

战术的故事听起来都是很过瘾、很传奇的，我们也常常会被战术中的小聪明所迷惑，总是希望可以“一招鲜，吃遍天”。但战术往往和当时的时间点密切相关，过后是很难重现的，所以战术就是故事，听完开心一下就好了。只有战略才是“道”，才是制胜未来的关键所在。但是，战略往往需要深度思考、不断讨论，需要穿越表象直达本质，还有很多不确定性，所以做战略是一件非常困难的事。但是，一旦想清楚，我们就会非常坚定，这就是我们常说的“定力”，定力是从无数次痛苦思考中来的。我们是否需要战术呢？当然需要，战术就是要根据当下发生的状况迅速做出反应，最终目的是为战略实现服务。

手段要开放，给创新留白

战略最重要的作用是将目标清晰化，并能让公司上下一致、部门之间相互配合：内部资源根据外部环境合理配置；愿景、战略之间的长期目标和中期目标对齐。

战略主要回答未来 3 ～ 5 年的问题，相对而言是一个中期目标。目标确定之后，要确保手段的开放性，给创新留出足够的空间。在前面讨论客户价值的时候，我们举了“洞和钻头”的例子，如果我们锚定客户价值就是洞，那么要想得到这个洞，可以使用榔头加钉子，也可以用电钻，还可以请某位武林高手使出“一指禅”……手段可以开放，创新来自开放。

淘宝的客户价值锚定了“安全”这个目标，在不同的阶段就都有创新的手段去完善它：最初是支付宝的“担保交易”，保证钱货在交易过程中的安全性，这个问题解决以后，“安全”转向了消除交易前、交易中、交易后消费者的顾虑和担忧，因此淘宝又推出了“消费者保障计划”。该计划也是每年根据不同的情况和不同类目去创新地解决交易中的安全问题：比如服装类目中最大的问题是“货不对板”，于是针对服装类目消费者的保障内容就是“实物拍摄”，保证图片是根据实物拍摄的，消费者拿到手的商品和照片上的商品一致；充值类目最大的需求是立刻发货，所以就有了“极速发货”这一要求……当我们锚定“安全”这个“洞”的时候，你会发现创新的空间很大，可以不断地去解决不同阶段的具体问题。

04

聚焦年度规划，“做得到”才能生长

THRIVING

FROM STRATEGY TO EXECUTION

思考行动方案时，
逆向思考有时候很有效。

为了确保战略“打得赢”，我们需要依据 3 ～ 5 年的战略规划制订年度规划，这是“做得到”的关键。

“做得到”的关键在于年度规划

从过去一年和湖畔创研中心的同学们在工作坊的互动来看，战略的重要任务是围绕客户价值画出战略大图，以及发现战略大图背后的经济学驱动引擎，然后在此基础上导出年度规划。

围绕客户价值画出战略大图

战略大图的描述方式很多，无论用什么方式，其中最关键的点是要围绕客户价值构建，明确每个业务的任务、目标，说明关键业务之间的关系，辨识关键战略事项。围绕客户价值构建战略大图，这一点至关重要，所以最好能够将客户价值直接体现在业务模式上，或者直接围绕客户价值展开。

淘宝 2.0 战略的业务模式是在客户价值非常清楚的前提下做出来的，重点讲述商圈如何建立和构成：门户、在线商城、自由市场、二手市场、商圈管理是业务模式的重要组成部分，我们希望把门户打造成消费者社区。我们对它的定位是购物入口，任务是增加用户黏性，考核数据是页面浏览量。在线商城、自由市场、二手市场是并列的交易市场类型，卖家类型、商品属性、品类、服务、交易方式等方面会有一些区别。2007 年，在线商城和二手市场的任务是探索，自由市场则是继续做大，占据更多市场份额，以交易额为考核数据。商圈管理是市场的保障，任务是安全保障、平台服务、管理规则，考核比较复杂，主要围绕交易安全和投诉率进行。

它们之间的关系如同房屋，三个市场是支柱，商圈管理是地基，门户是屋顶——屋顶也许不太确切，当时我们也没有更好的描述方式。门户向市场输送流量，商圈支撑市场，市场是核心，这就是业务模式所描述的关系。每一块业务在总体客户价值的前提下，有着自己的客户价值，它们和总体是一致的，所以淘宝 2.0 的业务模式没有围绕客户价值展开，重点说明商圈的构成以及 4 个业务模块之间的关系。这种业务模式的画法比较适合复杂业务板块，重点在于厘清板块之间的关系。

与此同时，淘宝还有另外一幅战略大图，它围绕买家和卖家展开（见图 4-1）。

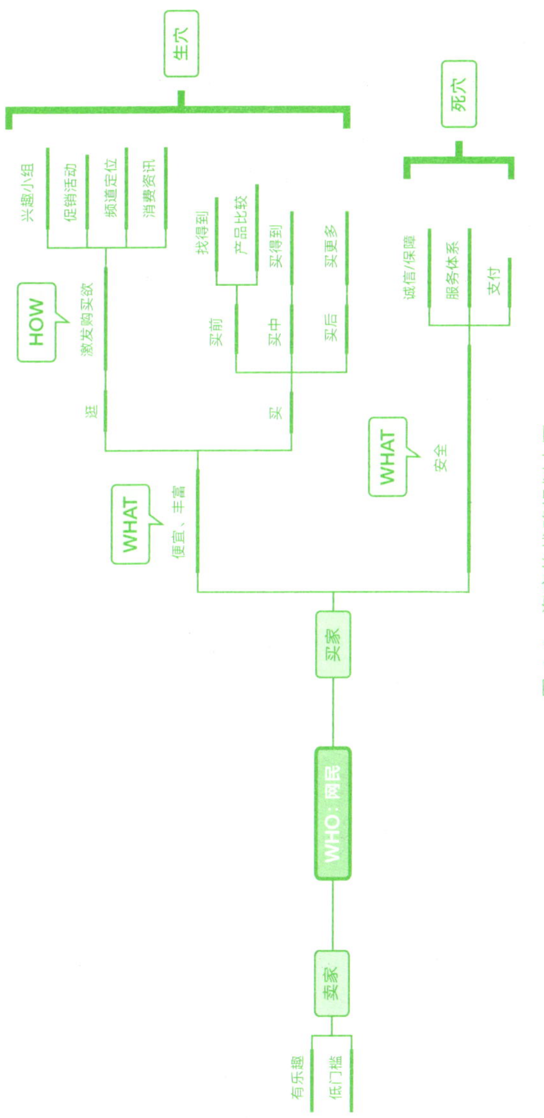

图 4-1 淘宝的战略规划大图

围绕客户价值展开的战略大图，重点是构建客户价值的方式和递送途径。淘宝围绕买家与卖家展开的业务大图，将淘宝2.0的模式融入其中。这样的战略大图比单纯的业务模式更能体现用户视角，目标更加明确。围绕客户价值构建战略大图本质上就是细化HOW，要能够体现以下几点：

- **产品服务系统：**客户价值如何构建？独特性如何持续？
- **运营系统：**客户价值如何递送？
- **支撑系统：**客户价值如何保障？

以美国西南航空公司的战略大图为例，西南航空公司的定位是服务短途旅客，提供的客户价值是方便、服务好、价格低。在如何做到（HOW）方面，基本的做法就是提供中等城市和二级城市之间的短途直航，保证方便、航班多（见图4-2）。为了保证提供低票价，西南航空公司在整个运营环节都做了成本控制。

- 有限的乘客服务，比如无转机服务、无行李托运服务、不提供飞机餐、不分配座位。
- 选择中等城市之间的航线，机场机位租金便宜。
- 所有飞机都采用标准的波音737机型，可以实现检查、维护的标准化，保证15分钟空港周转，降低维护、运营成本。
- 在销售策略上，采用网上售票、自动售票机售票等方式，减少像旅行社这类中间环节的费用。

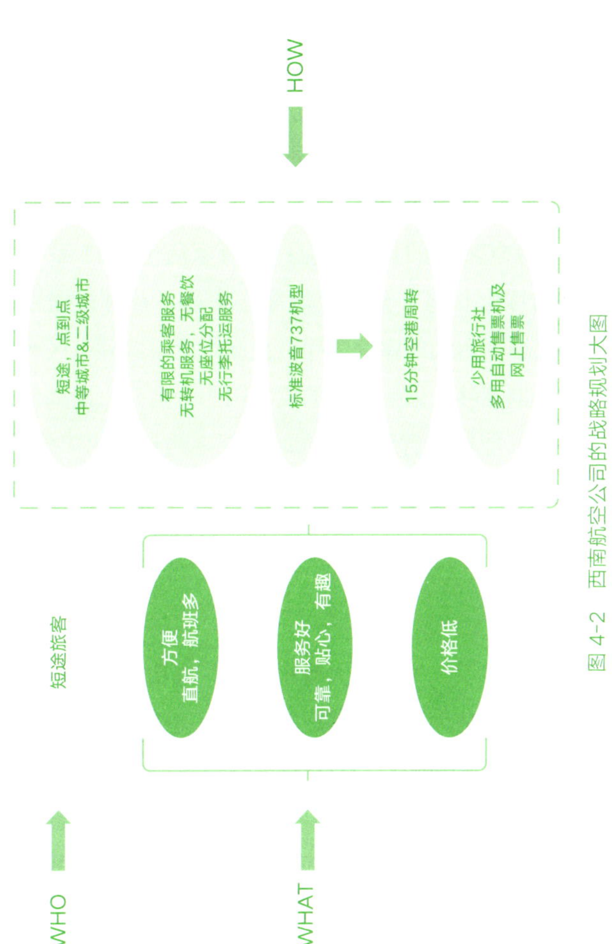

图 4-2 西南航空公司的战略规划大图

当然，只有这些还不够，西南航空公司还提供机舱内的良好服务——空乘人员友善、有趣、关心顾客，因此越来越多的人选择西南航空公司。

再看一下沃尔玛的例子，它的客户价值是“每日低价”，HOW 的主要目标是全面降低成本。围绕这个任务，他们采取了一系列措施：将店址设在郊区，拓展时以区域为单位（5 家店左右），寻求最小的规模效应；给每家店配备 IT 系统，方便获得实时库存信息；建立区域配送中心，及时根据库存补货，这样减小了店铺的库存空间，提高坪效。此外，区域配货中心的建立也能够让采购环节的成本因为采购量大而降低；店址选在郊区，能够节省租金，同时方便在当地雇用工作人员，从而降低人力成本（见图 4-3）。

发现战略中的驱动引擎

对于创业来说，失败是大概率事件，成功才是偶然的。成功时，我们要清楚为什么能够成功。我们能否把它偶然中的必然找出来，不断复制呢？

我们构建业务模式以及画战略大图的时候，发现战略背后的驱动引擎就是发现偶然背后的必然的过程。通过战略背后的驱动引擎，我们发现有几个经济学规律或许可供参考：规模效应、协同效应、双边市场效应和梅特卡夫定律。

注：从折扣店必须开在至少有10万人居住的区域，到开设150家门店服务数百万人。

图 4-3 沃尔玛的战略规划

我们可以去思考，哪个经济学规律可以帮助构建客户价值，然后再在企业的运营中有的放矢地加强。比如，沃尔玛的“天天低价”客户价值系统构建中，区域拓展的模型就是要在采购时能够达到最小规模效应，这样就建立了单个店铺无法超越的采购成本优势。

不同阶段或者不同块面的运营工作如何顺应经济学规律，也值得思考。平台经济是一个比较复杂的经济现象，除了双边市场效应，规模效应、协同效应等经济学规律也都会起作用，我想这也是平台天然属性所构建起来的“护城河”。这令平台很难建立，但只要建立起来就很难被超越。

比如，淘宝刚开始时，在会员（流量）端、商品端就是要追求规模效应，而在内部运营过程中就要追求协同效应——让一个会员购买的类目更广、次数更多，交易匹配需要追求双边效益。但是，我们也要关注，追求规模效应的过程中会不会产生“规模不经济”问题。后期过多的商品就给淘宝带来了存储、带宽、计算方面的多种挑战，我们依靠不断的技术投入逐步解决了这些问题，但代价极高，也形成了极高的壁垒。

微信的运营天生遵循梅特卡夫定律，重点在于营造安全、轻松、自由的氛围，促进点和点之间的链接发生。从表象上看，钉钉和微信的产品形态非常类似，但是仔细研究你就会发现，钉钉的客户是企业，追求的不是安全、轻松，而是工作效率，尤其是同一家企业员工、上下级之间的沟通效率。因此，对于钉钉，梅特卡夫定律很难在大范围内起作用，但其实更重要的是规模效应——让更多企业使用。

对商业本质的认识能让人拨开迷雾接近本质。有一段时间，平台是个“风口”，创业者们都说自己做的是平台。但有一点要注意的是，如果真的按照平台最具有价值的“双边市场效应”去运营，那就要考虑清楚你做的是不是真正的平台。

比如滴滴，无论是它自己还是外界，都会说它是一个平台，似乎这是毋庸置疑的。那么我们看看它具不具有双边市场效应，如果它具有，那么它就会自己“生长”。

而事实是，当用户叫车的时候，他不知道哪辆车、哪个司机会出现在自己面前，是滴滴帮助他匹配出来的，即呼叫用户附近的司机，由附近的司机接单，因为这样最高效，最接近用户的需求——迅速到达目的地。滴滴在这里充当的其实是互联网形式的车辆调度中心，这就是滴滴这个模式的商业本质，和双边市场效应毫无关系。这样看，滴滴并不具有双边市场效应所带来的“护城河”，因此区域性的打车软件层出不穷也就可以理解了。

那么双边市场效应一定是无敌的吗？“平台”和“垂直”孰优孰劣呢？我想请大家明确的是：世界本来就是多样性的，

在业务模式上没有绝对的优劣，运营的关键在于找到业务生长的驱动引擎，不断去加强它。所有的业务模式都要围绕客户价值的交付而构建，完全不必被某些概念所迷惑，更不要僵化地去追求概念、模式，提供最优解决方案才是商业的本质。

年度规划的三大“对齐”过程

从未来 3 ～ 5 年的战略规划到战略年度规划再到战略执行的过程，也就是从战略规划（SP）到业务规划（BP）的过程。我们在此过程中常常遇到的问题是年度规划和战略脱节，或者执行中只关注数字，而忘了为什么“做”。

为了避免这样的问题产生，我们通过不断摸索和改进，总结了几个要点：

- 不断站在未来看现在，把每一年的战略规划当成对当前战略的复盘，不断调整。
- 战略年度规划的任务是围绕客户价值的构建寻找一年之内的关键任务，确定全公司级别的关键战役，以及关键指标。
- 在战略规划和日常的战略执行过程中培养战略思考的能力，让客户价值贯穿战略的选择和落地。
- 在战略年度规划和执行过程中，确保在生穴和死穴两条路径上合理分配力量。

在这个过程中，“对齐”是一项重要的任务。

首先是“长短对齐”，就是未来 3 ～ 5 年战略和长期的使命、愿景对齐，年度规划和未来 3 ～ 5 年战略对齐。我们要不断校验长短期目标的一致性，以及实现路径和使命的一致性。

其次是“内外对齐”，因为我们并没有水晶球，所以最初把自己投放到的未来一般都是相对模糊而有偏差的。由于外部环境和技术、经济的发展日新月异，如果能够不停地思考未来，未来也会逐渐清晰。“内外对齐”不仅要让战略可以应对正在发生的事，也要可以看见即将发生的事，并且能够有所准备。本质上而言，战略是为了未来而“做”的。

经过“长短对齐”“内外对齐”之后，战略的年度规划就要形成公司级别的共识。这些共识包括在围绕客户价值的构建中找到的一年之内的关键路径、关键任务、全公司级别的关键战役以及衡量的关键指标。

年度规划可以在战略大图上展开，把构成战略大图的 HOW 的各个选项变成目标，并回答为达成目标应采取的年度行动。这些年度行动要达成的目标就是公司级别的 OKR 的 O（Objective），也是 CEO 的 OKR 中 O 的基本组成部分。

各个业务部门根据已达成共识的战略年度规划进行部门级别的分解，再到基本实现单元小团队的分解。在这个过程中，我们对目标后面的“为什么做”的理解至关重要，而且应该在“如何做”方面保持开放的态度，可以边执行边探索。

在小团队拆解完成以后，需要先在部门级别完成拼图，再回到公司级别完成更大的拼图。之后，这张拼图要和年度规划进行比对和调整。其实这就是一个校验、调整和消化的过程，在这个过程中，达到“上下对齐”和“左右对齐”。

“上下对齐”分成两个方向，首先是自上而下，通过从“公司—部门—小团队”对目标的拆解来实现，越向下拆解得越具体。其次是自下而上，将小团队非常具体的目标、路径等再拼成部门的大图，再将部门的大图拼成公司大图。然后，和之前制定的公司年度规划进行比对、讨论、调整，变成可以执行的战略行进路线图。最后，再一次自上而下调整，确认部门、小团队乃至个人的年度规划、目标。

这个过程是为了将目标和目标后面的思考转化成整个团队的思考，也将客户价值以及围绕客户价值制定战略行动计划这一思维方式，从高层管理者到一线员工进行传递，这是应对不断变化的环境的唯一办法。

在部门和公司“拼大图”的过程中，要做到小团队之间、部门之间目标的一致，保证各个团队都在为同一个目标而工作，并且经过充分、开诚布公的讨论形成共识和协同的基础，对这个环节我们称其为“左右对齐”。我们常常会遇到公司中各个团队之间有“墙”的情况——互相不知道对方在做什么，也不知道对方的目标和自己的团队目标之间的关系，而左右对齐就是要解决这个问题。现在很流行的 OKR 体系正是基于这样的原理，力图解决的就是我们实际要面对的内部合作、外部变化越来越复杂的情况。

经过这四个对齐之后，我们就会得到公司各个层面的战略年度执行计划。我把从战略到执行的过程总结为 W 循环，在规划过程中我们走完了 W 的前三步“上—下—上”的过程，另外一个自下而上的步骤便是执行过程中的复盘环节，目的是不断检验战略的执行效果（见图 4-4）。

越基层的组织层面复盘的频率越高，可以考虑进行月度或季度复盘，业务层面通常建议每个季度或每半年进行一次复盘，而公司层面则可以进行半年和年度复盘。

年度复盘以后会做战略的调整，再一次看看未来，决定未来 3 ～ 5 年战略是否需要调整，然后再进入年度的战略规划……战略就是这样在不断探索、总结、调整中慢慢生长出来的。做战略的能力也在不断感知、想象、论证、探索、争论、总结中逐渐变成整家公司的核心能力。

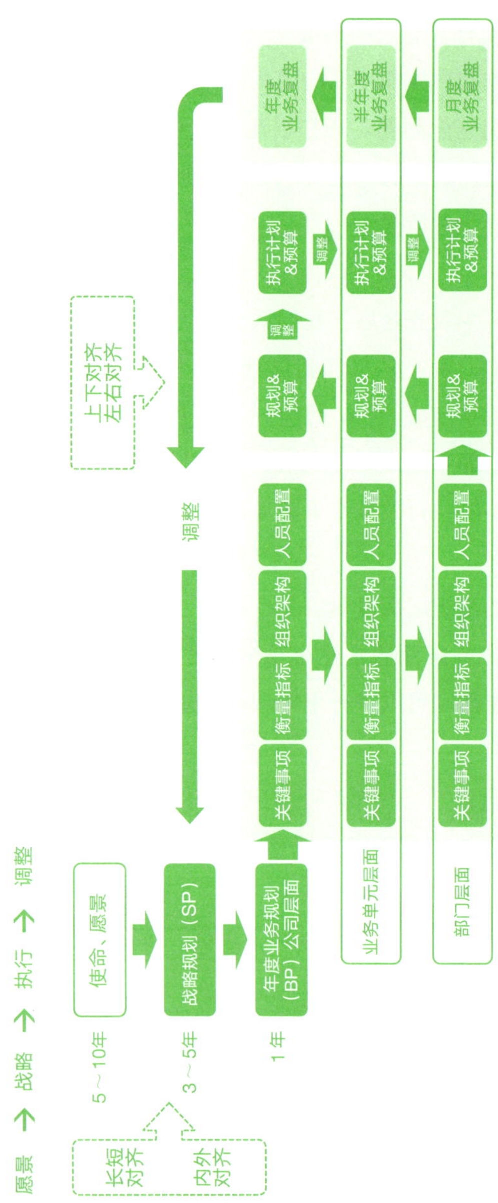

图 4-4 “从战略到执行”的 W 循环

业务部门的年度规划清晰以后，职能部门也需要做年度规划。首先职能部门的相应人员需要参与业务的战略和年度规划，理解业务规划的重点以及给职能部门带来的变化，根据业务规划制定职能部门的关键目标，形成其关键任务。

年度规划的 3 个思考要点

战略年度规划的目标是画出战略的年度作战地图。我们要以客户价值为起点，从客户行为或者需求点切入，围绕客户如何感知客户价值、客户价值如何传递，推导出实现客户价值的关键目标或者关键词，最后落实到具体的行动方案，即战略年度作战地图。

而思考行动方案时，逆向思考有时候很有效。比如，对于淘宝客户价值的死穴——交易安全性，如何让消费者感到安全是个正向的问题，很难回答，所以我们就反向去寻找让消费者感到不安全、阻止交易的那些因素，然后不断地去减少。每年我们都会去做用户调研，平时也会随时观察转化率数据，观察阻碍用户交易的因素，再决定每年要去做哪些事情，消除这些阻碍。除了负责商圈管理的部门，其他部门也都需要思考这个问题，最后有一些共性的事情会由负责商圈管理的部门去落实，而其他一些事则由相关部门去执行。

在思考行动方案的时候，还需要注意在场景中思考“客户价值”如何被客户真实地感知的问题，比如淘宝的定位“便宜”。如果我们只是思考“便宜”，是不是就不需要贵的产品了呢？我们需要把思考的维度放到客户价值如何被感知，如何在客户需求产生到满足的过程中、场景中让客户价值被感知到。“便宜”只是一个相对的感受，是比较出来的感觉。

我们把消费者在淘宝上的行为分成了两类：一类是逛，另一类是买。逛属于没有很明确的消费目标，就是想看看，随便逛逛，所以需要用有关消费的内容去承接。如何承接？我们可以将其分解成具体的行动方案或者产品，比方分为消费资讯、兴趣小组，还要考虑激励用户产生内容的机制是什么等具体问题。在买这个维度，我们又将其拆分成买前、买中、买后，并且给这些场景确定了关键目标，最后根据目标确定关键任务或者行动方案。这个过程中最重要的就是采用消费者的视角，学会转身。

公司层面是采用消费者视角的横向目标拆分和任务拆分，部门层面则是基于功能的纵向拆分。这样纵横交错的方式能够既有重点又有细节，并最后落实到每个岗位。

将战略变成行动方向和目标

从战略到执行的过程，也是公司上下达成共识的过程，我的经验是先画出三张图。我对画图的要求是描述要明确、聚焦，要把冗长专业的文字变成简单易懂的词汇。这也是再一次聚焦的过程。画图的另外一个好处是，可以体现各部分的位置和关系，这是文字无法直观体现的。

第一张图是对客户和客户价值的描述，例如淘宝 2006 年战略中的客户是现有的网民和未来的网民，客户价值在卖家方面是“有乐趣、门槛低”，在买家方面是“便宜、安全”，而在客户价值方面需要兼顾“生穴”和“死穴”（见图 4-5）。

图 4-5　淘宝 2006 年的客户和客户价值描述（WHO / WHAT）

第二张图是对业务模式的描述。以淘宝 2.0 战略中业务模式的描述为例，它将消费者行为分为逛和买，对应的产品分别是消费者门户（社区）和各类交易市场。门户与市场的关系是门户向市场导流；商圈管理支撑各种交易市场。对于交易市场，我们又按照买前、买中、买后的需求，思考战略执行的方案（见图 4-6）。

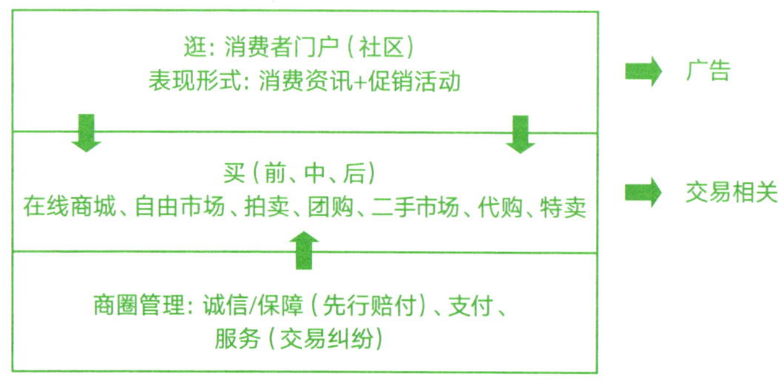

图 4-6 淘宝 2.0 业务模式（HOW）

第三张图是关于如何实现年度规划的描述。我们要按照业务模式和客户价值，寻找年度规划中的重要项目或者方向，并且确定它们的关键词（目标），最后还要将关键词和客户感知以及客户价值进行对照，验证这些关键词（目标）是否可以变成能被客户感知的客户价值。

图 4-7 是淘宝 2.0 战略指导下的 2007 年规划大图，按照业务模式在逛、买和交易安全方面进行拆解，找出关键词，再将关键词与客户价值进行比较，判断这些关键词能否被客户感知。

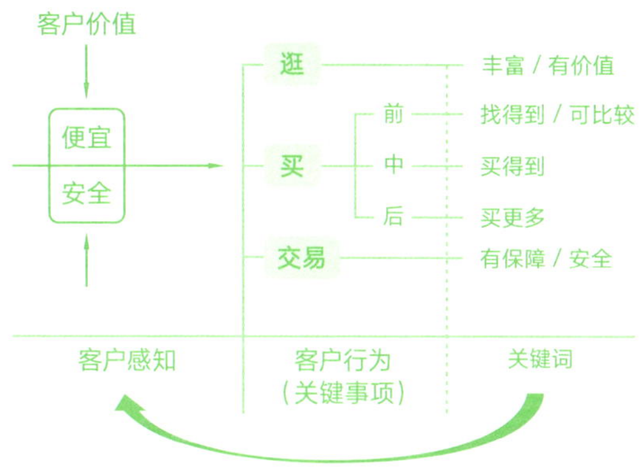

图 4-7　淘宝 2007 年战略规划大图（TO DO）

关键战略问题的识别

关键的战略事项与这个战略实施的关键动作相关，有一些和具体业务相关的可以放入业务之中，有一些涉及整个公司多个业务的可以单独拿出来放在公司层面。

从战略到执行的过程中，将 SP 转化成每年的 BP，形成年度规划，也是非常重要的一步。部门要在这张图上拆解部门的年度规划，确定关键任务、关键数据。其中最重要的就是辨识年度的关键事项——下一年度需要解决的战略问题。

THRIVING
从战略到执行

聚划算的进化之路

我在 2012 年接手聚划算的业务之初，就重新梳理了它独特的客户价值。

多、好、省，好像是所有团购平台的客户价值。那么什么才是聚划算的客户价值呢？

聚划算长在淘宝，所以在思考它的独特价值时，既要思考它本身的客户价值，也要思考它对于淘宝整体的价值。

聚划算是吸引用户每天来看一眼的地方，有引流的作用，这是它在淘宝整体中的战略定位。所以它的设计是每天的开团时间是固定的——早上 9 点；另外，每天推出的产品也是有限的——180 件商品。这些商品很快会被抢完，如果用户抢不到，第二天要赶早。实际数据显示，早上 9 点和晚上 7 点是淘宝的访问高峰。除了以前的自然流量高峰外，早上 9 点的访问高峰是聚划算带来的，以至于那年“双十一”为了用户顺利访问淘宝，聚划算特意推迟了开团时间。

所以，从客户价值来看，团购网站的“多”并不是聚划算的客户价值，那么“少”是不是它的独特客户价值呢？“好和省”呢？

我们先讨论一下为什么要“少”。当我们去研究 PC 时代电子商务网站的访问数据时，发现搜索页面最有效的访问页面数是 3 个——前 3 个页面承载（引导）了 95% 以上的访问行为，后面的页面很少有人访问。

所以我们决定，聚划算上的团购商品数量不超过

180 件，因为按当时的页面布局方式，180 件商品刚好占满 3 个页面——最有效的展示页数。也正是因为有 180 件商品的限制，聚划算的小二们在选择商品时，会将性价比的考量做到极致，也就是做到“好和省”。从这个角度看，“少”并不是聚划算的独特客户价值，而是保证“好和省”的有力手段，或者说保证“好和省”的客户体验。

如何实现这种限制条件下的客户价值呢？这就是聚划算最初面临的关键战略问题。而战略的执行就是找到关键战略问题，并且在执行中解决这个问题。对于聚划算而言，“省”比较简单，价格要足够低。“好”怎么办？什么是“好”呢？聚划算就是利用便宜而驱动冲动购买。所以，先将商品锁定在冲动购买的类目，在此基础上去选性价比极高的商品，而不是单纯便宜的商品，这就是聚划算最初获得成功的原因。

但是关键战略问题是会随着时间不断演变的。当业务慢慢发展，每天访问聚划算的用户越来越多，经常会出现的情况是：商家为了聚划算的活动备了 1 000 件商品，但是瞬间就被抢光了。这时候商家很着急，因为没货的话，这个位置就浪费了；小二也很着急，因为没有货就没有交易额，KPI 可能会完不成。

是不是应该允许补货呢？从表面看，这是一个运营中的决策问题，事实上经过深度思考，就会发现其实它本质上是一个战略问题——如何在保持客户价值的前提下，持续发展业务。聚划算的业务思路如果一直一成不变，你会发现这个业务会有明显的天花板，那就是这 180 个位置的商品卖光后不会补货，所以即使来访的消费者很多，他们也只会失望而归。

但换个思路想，由于控制商品数量，追求“少”这一前提下的“好和省”，才让消费者越来越喜欢这个产品，每天的访问人数在不断增加，独立访客（Unique Visitor，UV）数量从几百万人增至近千万人。这时候的问题就不是允不允许商家补货的问题了，而是演变成如何应对消费者（流量）溢出的问题。这时候的关键战略问题又改变了。

我们在此回溯一下，聚划算第一年的 BP 重点是什么呢？当时这个业务刚开始，“好和省”的关键表现就是消费者喜欢，迅速下单，那么关键的运营数据就是推荐商品的售罄率。所以对于聚划算而言，选货的能力是最关键的，怎样找到性价比极高的商品，以及保证这些商品在当天几乎全部售罄。这时候的 BP 就要围绕该命题展开。

慢慢地，流量溢出越来越多，第二年的战略问题就变成如何承接越来越多的消费者访问，不让他们失望而归。从运营端来看，这个问题就是如何在售罄率不变的情况下，突破页面只能展示 180 件商品这一呈现方式带来的 GMV 的天花板。

当我们把这个战略问题辨识出来以后，就可以解决具体问题了。增加商品数量是首先被否定的解决方案。最后的解决方案是千人千面——比如将商品数量增至

360 件，但是将流量分为 A、B 两组。因为这时候前端访问的流量足以支撑两组商品了，这也改善了流量溢出的问题。这是纵向的思考。我们也尝试了本地生活方面的团购，比如餐饮、美容、美发等，由于本地生活受到地域的限制，与商品团购不冲突，而且还是对后者很好的补充。这是横向拓展的思维方式。

然而，问题永远在不远的地方等着我们。在每天选 180 件商品的时候，运营团队采用的方法是让商家把东西寄过来，审核质量再谈价格。到了每天选 360 件商品的时候，这种方式也还可以运作，但是到了每天选 720 件商品的时候，这种非常依赖小二的经验判断选品的模式，不仅遇到了员工的培养问题，还遇到了腐败问题。所以，此时将战略的 SP 转变为年度 BP 时，关键的战略问题就变成了业务模式继续突破 + 商业模式探寻 + 防止腐败并能够控制员工人数的问题。

因此，那一年我们推出了商品位置的拍卖，尝试把选择商品的权利从自己手里交到商家的手里。我们相信商品位置的价格可以体现市场需求，商家花很多钱买了一个聚划算的位置，一定会考虑制定怎样的价格，准备多少货品。此时聚划算对消费者的客户价值没有变化，但是商家的客户价值思考变得非常重要，因此我们要考虑将选品、定价的能力赋能给商家。此时，与战略匹配的组织能力也从自己的选品能力变成赋予商家选品能力和数据的输出能力。

所以，从战略 SP 到年度 BP，就是在每一年不同的状况下，围绕核心客户价值，重点解决构建和递送客户价值过程中最关键的——战略问题，这是战略执行的关键所在。

找到关键战略问题之后，就要围绕这个问题寻找解决方法，俗称战略的拆解。2007 年，淘宝的一个关键任务就是淘宝商城的探索，而商城的整个定位是商品质量更好和购买门槛更低，淘宝商城团队在这个关键任务上做商城定位，以及各个功能模块的关键任务拆解。

部门拆解完，需要再将关键任务拼回公司大图，形成公司的战略落地大图，合并关键事项和关键数据，再与作战大图进行比对，防止战略执行的失焦。在拆解过程中，越具体的部门越可以按照功能拆解，而回到公司级别时，可以将关键任务分解到关键事项中，确保目标的一致性。

关键数据的业务因果链条识别

若想确保从客户价值出发构建的业务模式能够顺利成长，那么每个阶段都得有关键任务，而衡量关键任务完成情况的标尺就是关键数据。当找出一个关键数据以后，分解到部门的时候，其实就是要找出部门目标和关键任务之间的因果链条，然后形成部门的关键因果数据。

我在负责淘宝时，淘宝的目标是扩大电子商务在社会零售总额中的占比，对应的关键数据每一年都是 GMV。在战略的执行过程中，每天只盯着交易额是没有用的，关键要找到数据背后的因果链条，并且找到各部门的重点工作任务和关键任务之间的联系（见图 4-8）。当把各部门的年度规划图拼回来的时候，我们就可以检验大家用力的方向是否一致。通过这样的拆解以及消费者视角的观察，最终形成的具体行动方案的有效性也是可以期待的。

从 CEO 的公司数据看板到部门、个人的数据考核指标，最关键的事情是我们不仅要短期的数字，而且要业务的长期生长。所以，从业务逻辑出发，对数字进行拆解并采取具体行动计划的选择才是数字的质量保证。数字是结果不是目标，在战略执行的过程中这是非常重要的观念。

比如，GMV 在卖家侧的拆解，其实是动销卖家交易额的总和，这里的动销卖家数量可以是少数几个也可以是无数个。那么我们就要考虑从长远看什么样的卖家构成对客户、对平台是健康的，然后再决定如何分配资源和力量。这一类思考需要穿越数据的迷雾，考虑业务模式的本质。

GMV 在买家侧的拆解，由于业务的复杂性又可以分成多个维度的拆解。

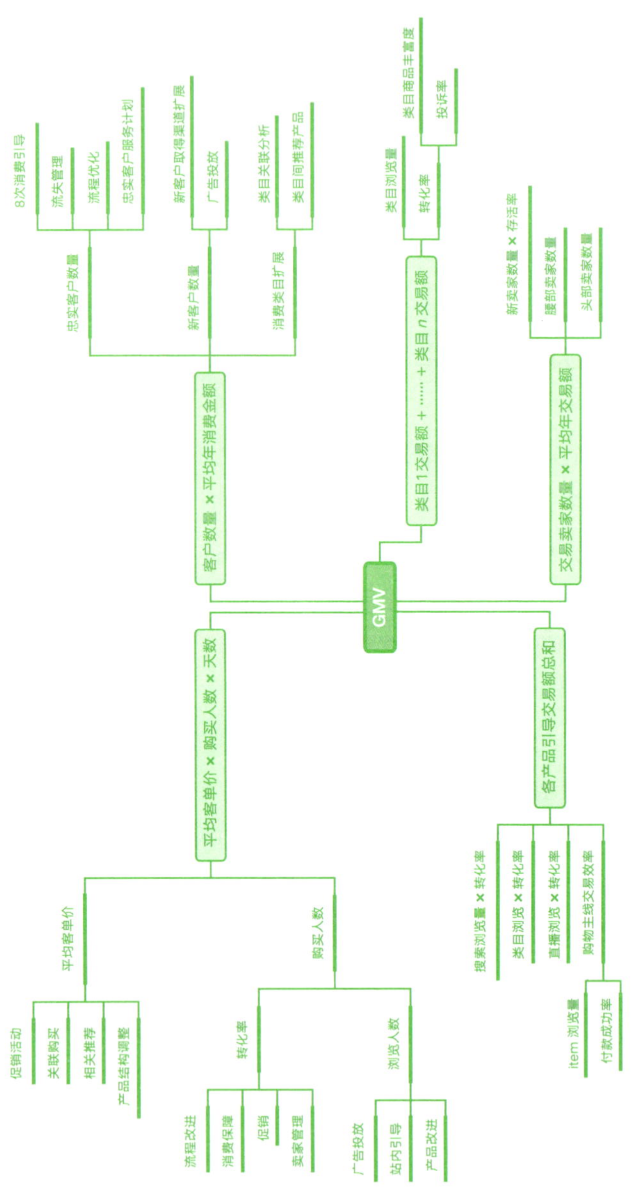

图 4-8 淘宝的关键数字与业务因果链条

1. 根据交易额拆解为：平均客单价 × 购买人数 × 天数。

按照这个逻辑去拆解的时候，天数是一个不可变量，关键行动的目标是：如何提高平均客单价和增加购买人数，各部门都可以在这两个方向上去形成行动计划。

比如提高平均客单价就可以采取促销活动、关联购买、站内的相关推荐、类目产品结构的调整等。增加购买人数可以拆解成浏览人数 × 转化率，那么在增加浏览人数的基础上，可以提高广告效率，增加站内引导，实现产品的改进等。同样，转化率提高方面可以采取的行动有流程的改进、针对性的消费者保障、促销活动、卖家的管理等。

2. 从用户维度拆解为：客户（买家）数量 × 平均年消费金额。

从这个维度拆解的时候，关键行动的目标是增加用户数量和提高平均年消费金额。增加用户数量并非表面上那么简单，通过研究数据我们发现，忠实用户的平均年消费次数和消费金额都远远高于一般用户，而忠实用户的标志性数据是持续产生 8 次交易，那么增加持续 8 次以上交易的忠实用户就成为最关键行动的目标。我们的另一个发现是跨类目消费有助于用户成为忠实用户，那么如何帮助用户进行消费类目的扩展也成了从用户维度拆解的一个关键行动目标。

3. 我们还可以从类目维度和产品维度进行拆解，这里就不展开一一赘述了。

从以上这些例子，我们可以发现对业务逻辑的理解并非简单的理解，需要从数据中找到因果链条，分析相关性，并采取对应的有效行动。

做一个平台就必须有生态的思想，表面上的茂盛并不代表生态真正的生命力。生态可能是杂乱的，也有一些完全没有效率的方面存在。我曾经参观过杭州周边一个保护水源地的公益项目。那个项目所在的村庄竹林环绕，空气清新，水流潺潺，一派世外桃源的景象。我感叹道："这里有这么多竹子，空气好，生态好啊。"但是项目负责人说："虽然竹林很美，但是这里的整个生态环境都被竹林破坏了。在这里，竹子是一种外来植物，由于生长期短、经济价值高、可以用来编竹篮、造纸，所以周边的农民就把所有的原生树木砍掉种上了竹子。但是，仅有竹林的生态只是表面上的繁荣，植物多样性被破坏了，生态也被破坏了。"

当我们去思考企业做得好还是不好时，不仅要看数字，还要看企业未来有没有成长的动力，也就是对业务的健康性做出判断。做正确的事比正确地做事难很多，需要长远的眼光、坚持与耐心，还要有选择地放弃一些短期利益。

形成公司、部门关键事项与数据看板

战略到年度规划中的年度规划—部门规划—汇总这第一步完成以后，可以形成公司的年度关键任务表，衡量指标就是公司级别的数据看板（见图 4-9）。

公司层面的年度关键任务表

客户与客户价值	对整体战略的贡献	年度关键目标、关键词

部门层面的年度关键任务表

关键项目	描述	衡量指标

图 4-9　公司层面与部门层面的年度关键任务表

05

应对不确定性，
跨过战略执行中的“坑”

THRIVING

FROM STRATEGY TO EXECUTION

当我们希望组织能够不断快速应对不确定的变化时，在整个组织中公开战略是一个必要条件。

2020 年是划时代的年份，世界充满了不确定性，新冠肺炎疫情大大推进了整个社会的数据化和在线化的进程。身处其中的消费者也在经历这一前所未有的变化，以往需要 10 年才能实现的事情可能现在只需 3 年就能完成。对于企业来说，无论是短期的应变能力还是长期思考方面都备受考验。战略，尤其是具有未来观的战略，在很大程度上是为了应对不确定性的环境而做出的，过程中必然充满了纠结的“坑”。

战略公开与灵动执行

与不确定性环境相对应的是对组织智能化的要求。一提到智能化组织，大家就会想到在线化、数据化等，不过这类组织的关键在于智能化，在线化和数据化都是智能化的基础。智能化组织的战略执行是灵动的，能够随着环境的变化即时改变，这种变化能力很大程度上来自整个团队尤其是一线团队对客户、客户价值、相应的战略和目标的理解，以及在管理中对手段的开放性和包容性。

这很像我所经历的野外戈壁挑战赛。每天的终点目标非常清楚，但是行进的路线不可能是按照 GPS 显示的直线行进，总会遇到各种各样的意外情况，你只能“逢山开路，遇水搭桥”，想尽办法接近目标。最终，大家都会在终点汇合，对目标的共识是一切的基础。

当我们希望组织能够不断快速应对不确定的变化时，在整个组织中公开战略是一个必要条件。为此，战略在组织的不同层面需要设定不同的目标：高层必须花足够多的时间通过共创等形式形成战略和目标的共识，战略和目标要变成高层领导者每个人坚定的信念和前行的力量；中层对战略执行起承上启下的作用，所以需要对战略和目标做到清晰理解，并且对为什么设立这样的目标也要了然于心；基层是战略执行的关键所在，因此需要做到战略和目标的同步共享，主要侧重于客户、客户价值和目标，通过不断地答疑、沟通将它们描述得清楚、明了，也要将目标变得容易记忆，不要太复杂。智能化组织中决策者在向基层靠拢，对目标的理解就成为至关重要的执行环节。执行过程中，推进的路线可以随时按照实际状况进行调整，方法也可以不断翻新。这就是目标的确定性和路径的开放性的体现。与以往的组织不同，在智能化组织中，战略会更加公开和透明，所以战略选择时对独特性的要求也更高。

控制“做”的冲动，从管理者到教练

智能化组织让组织应对变化的速度加快，这对管理团队也提出了巨大的挑战，要求管理者变成教练，而在执行中激发创造力就成了管理团队的首要任务。

我很小的时候曾有过溺水的经历，所以一直对水心怀恐惧，学了很多次游泳都没有学会。我有个表妹拿过世界级游泳比赛的冠军，退役后做了很多年教练。她对我说：“姐姐，只要你听我的，我保证你 10 小时学会游泳。”我就抱着死马当活马医的心态去学了。她和其他教练不同，下水后先让我做分解动作，用嘴呼吸 60 次。这个动作太简单了，我做了几次就有点儿烦了，但是因为答应了听她的话，只是在勉强继续做……结果只花了 6 小时我就学会了游泳。后来我们探讨这个问题时表妹说：“理解和做是两回事，通过做不断重复形成肌肉记忆才可能真正学会。”

管理者向教练的转变也很有挑战，不仅要控制住自己去做的冲动，花时间讲清楚目标背后的原因、思考的方式、判断的逻辑，还要提供机会让下属和团队去做。此外，还要控制亲自下场的冲动，有耐心地不断观察，纠正动作，不急于给出答案，多问有效的问题。

打开组织边界，把博弈关系变成伙伴关系

在不确定的环境中，客户越变越快，我们能够提供的客户价值也有可能迅速被客户淘汰，我们的战略有可能刚做出来就不再适合当前的环境了。这也就是说，我们前面介绍的目标的确定性也在逐渐消失。智能化组织的决策层面在前移，组织的边界也在逐渐模糊。那么，在这样的环境之下，如何做好执行呢？

在这种情况下，对客户价值和战略目标的复盘就不能再是按照季度、年度的频率进行了，可能需要变成日常的战略执行工作之一。客户价值是通过产品与体验去完成和传递的，因此打开组织的边界，让客户参与产品和体验的设计之中，成为伙伴参与共创，变成了战略执行过程中的新思路。

虽然在 2006 年我们曾经预测到移动互联网时代的到来，但是到了 2012 年至 2013 年它真的到来的时候，过往取得成功的公司要不就是看不见，或者就是看见了看不起，而既看见又重视的公司表现出来的是很慌乱。阿里巴巴上上下下都弥漫着对移动互联网的焦虑，但做出的应对是膝跳反射级别的——先将全公司七七八八的 App 全部停掉，将资源集中投入淘宝、支付宝两个无线产品上，同时组建了新团队做“来往”这个产品。

当时，我们做“来往”的决心巨大，给每一个员工都布置了

任务，每个员工都要拉来 100 个用户。这是一个非常直接的运营逻辑，如果公司的员工人数是 8 万，那么来往的用户就有 800 万个。此外，我们还找到了曾经在竞争对手那里工作过的产品经理。

为了表明我们在移动互联网上的决心，全公司的高层管理者开了动员会，会上大家都热血沸腾。事实却总是很残酷，过往的热闹昙花一现，最终这个产品失败了。但是做来往的过程中，有一个小团队做了一款名叫“钉钉”的产品，它最初的产品功能是免费的网络电话，后来慢慢发展成一个独立的 App。

THRIVING
从战略到执行

钉钉，重新定义客户与客户价值

我觉得钉钉的成功是重新定义了客户和客户价值。

微信属于社交产品，这类产品是要营造一个非常安全、舒适的环境，然后你才会沟通，而钉钉的应用场景是工作，效率才是它的客户价值。消息的“已读”“未读”会给用户很大的压力，作为社交产品是反人性的，但在工作场景中是很有价值的。另外，钉钉针对具体行业的应用都是与客户共创的。我有一个高中同学是做物业管理系统软件的，他告诉我钉钉在物业行业的应用就是和他们一起共创的，所以钉钉的物业版非常受欢迎。为了贴近客户，钉钉的很多行业应用都是和业内伙伴共创甚至共同开发的。

所以，想要贴近客户，就要打开组织的边界，让客户和合作伙伴深度参与，只有这样才能不断适应变化，发现新的客户价值，这也许会是未来的组织常态。

当组织的边界打开的时候，过去的很多角色会随之变化，这也是以客户价值为核心的战略所带来的变化。

我所在的团队和联合国有一个合作项目，是和东南亚的企业家分享经验，探讨数字经济中企业经营的变化。

参观完淘宝村之后，有一位华侨家族企业的 CEO 和我分享称，他知道自己的企业为什么会受当地人的排挤。他说："以前我们去采购农产品的时候，会让农民把他们的货品拿出来，谁的货品质优价低就采购谁的。所以当地农民觉得你虽然采购了他的产品，但是也欺负了他。因为采购量大，就压低价格，所以我们和上游农民之间是博弈的关系。我发现你们和淘宝卖家之间却不是这样，你们是伙伴关系。"当他回国以后，按照伙伴的思路调整了采购的方式，采购时不仅向当地农民公开标准，还向他们提供种子、种植的辅导，用赋能的方式把他们变成伙伴，此举受到当地农民的一致欢迎。

把组织的边界打开，把博弈关系变成伙伴关系的时候，我们也需要和伙伴共享数据，让信息透明。战略的透明和共享可能首当其冲，再一次要求我们做战略选择时需要兼顾远见与独特性。

KPI 和 OKR 的“洞”

曾经流行过的企业目标管理工具有很多，互联网早期流行 KPI，现在比较流行 OKR。阿里巴巴创始之初就开始尝试使用 KPI，从 2002 年开始，绩效考核中 KPI 占 50%，价值观占 50%，KPI 是绩效考核的输入数据。OKR 是最近几年开始流行的，移动互联网公司用得很多，也是绩效考核的输入数据。

和 KPI 相比，OKR 中的目标更加公开，设定的时候互动更多，更加强调员工的主动性、灵活性。在设定 KPI 时也需要主管和员工进行讨论，但 KPI 在维度上较 OKR 更为单一，团队、岗位之间的合作性难以呈现。目前企业的组织架构更加趋于灵活、网状、扁平，OKR 强调的发挥员工的主动性和创造性更加符合这一趋势，我们在具体实操中可以灵活运用。OKR 更加适合对探索性、创新性要求较高的业务，而 KPI 则适合相对强调执行的业务，我们可以根据实际工作情况灵活选择。一家公司可以考虑针对不同业务、不同功能模块使用不同的工具。

无论是 KPI 还是 OKR，实施过程中最关键的点都是目标的确定，即上下左右的目标对齐。在一致的目标下采取行动，并且能够将每一个层面的关键行动（项目）辨识出来，集中力量去实现，最后得到执行的结果。

KPI 和 OKR 都可以作为将战略落实到团队、个人身上的工具，想要合理使用这两个工具，使其发挥更大的效用，还是要穿过工具本身，看见战略的“洞”：使命—愿景—战略—年度规划—团队目标—个人目标，这一系列的“洞”很像俄罗斯套娃。只有这一系列的“洞”能够对齐并且为每个员工所理解，战略的执行才能真正落地。

06

战略复盘，超越复盘本身

THRIVING

FROM STRATEGY TO EXECUTION

THRIVING

战略不是一蹴而就的事情，
它会在执行过程中逐渐清晰，
不断生长。

CEO 以及核心团队的风格深深影响着公司的战略和执行过程，让抢实地、做布局等方面都有了不同的节奏和侧重。我在湖畔创研中心上课的过程中，总有同学拿着战略来和我讨论。

这些讨论无疑显示了他们的焦虑，而这个焦虑是选择带来的，不太确信自己的选择是否“正确”。我却总是无法回答“正确与否”的问题，因为战略本质上是“适合”，放在你这里可以做成，而别人拿去了不一定能做成。

战略不是一蹴而就的事情，它会在执行过程中逐渐清晰，不断生长，是伴随着企业发展的连续性的重要工作。生长的过程是战略这项工作最重要的部分。

战略生长的过程是不断复盘、执行、再复盘的循环过程，

这个过程需要团队战略能力的配合：对战略与执行的深度思考就是战略不断生长的内在力量。

但是残酷的现实往往会让我们处于疲于奔命的状态：忙于处理紧急事件，陷入短期目标的实现，缺乏对战略进行深度思考的机会。选取合适的时机或者定期对战略进行复盘，可以逼着我们暂时从繁忙的现实中脱离出来，在低头走路的同时也能够抬头看看目标，调整一下路径。

复盘的过程，是对过往制定的战略执行情况的总结、提炼，也是形成团队战略思考能力的过程，还是从手艺到艺术的过程。

从战略的手艺层面来讲，复盘是通过情景、经验、案例对战略的感知能力和判断能力进行训练的过程。在这个过程中，通过团队更多成员的参与也可以同时完成“我做你看，你做我看”的能力传承问题。不断复盘的过程是战略能力通往艺术之路的关键：在复盘中寻找直觉、突破性思维，对世界进行认知升级，最后达到“顿悟”。

就战略而言，**复盘的意义超越了复盘本身。**

复盘的两个目标与三大原则

从我的经验来看，只要组织或团队觉得有必要进行战略复盘，那么随时都可以进行。CEO 或者执行团队在执行中纠结的指标是复盘的触发点——感觉方向不明、左右撕扯、无法自拔又很无力……这样的“身陷泥沼”的感觉强烈时，就需要静下心来复盘，重新看看问题出在哪里。

在需要时随时复盘，这件事说起来很容易，但是落到实操过程很容易被繁忙的日常工作所掩盖，因为复盘需要深度思考，这个过程往往会伴随着自我否定的痛苦。出于人类自我保护的本能，我们在潜意识中会“指挥”自己躲避这些痛苦。为了抵抗人类对痛苦的躲避与惰性，我们可以进行规律性的复盘，比如每半年或者每一年一次，甚至在战略制定的过程中就确定复盘的时间。

复盘的有效性是对我们在深度思考过程中经历的痛苦的补偿，为了确保复盘的有效性，我们需要注意几点。

复盘前需要为它设定具体的目标。从我经历的“千百次”成功或者不成功的复盘结果来看，复盘目标一般有两种，每次复盘可以是其中一个目标，也可以二者皆有。

第一，对战略本身的复盘。

客观还原战略的执行过程，确定战略的方向、目标是否需要调整。战略的成功与否除了与战略的方向有关，也与执行过程、外部环境等有关，所以客观还原执行过程，分析战略是否需要调整是复盘的首要目标。根据这些调整，我们也需要制订进一步的行动方案。

第二，对战略所处阶段的复盘。

确定战略所处的阶段，根据阶段对战略进行调整，从而对战略下一阶段的执行工作形成明确的认知和行动方案。确定战略发展的阶段也是战略在执行和生长过程中的重要任务之一，这个工作能确保战略的成果可以适时展现，从而在合适的时机做出相应的动作，避免“错过成功的时机”和“在错误的方向上浪费资源”的情况。

战略复盘的过程是非常艰难的深度思考过程，常常会出现一屋子人开了几天会也没有任何成果的情况。为了确保复盘过程顺利、有效，我们通过对成功的复盘和失败的复盘进行复盘，总结了 3 个复盘过程应该遵循的原则。

第一原则：具备中立客观的视角。

“看清楚自己”是人生的难题之一，对团队来说也一样。每个人和团队都会有自己的舒适区，也有做事情的惯性，总是相信自己选择的都是最优路径。而复盘的任务，就是要看见“自己没有看见的”“知道自己不知道的”，所以需要有中立的第三者视角才能得出客观的评价。在复盘过程中，需要时刻提醒自己和团队不要进入过度“自洽”的循环之中。

在复盘过程中时时保持客观是很难做到的，有一个比较有效的方法是请中立的第三者加入复盘，第三者可以是专业顾问，也可以是合作伙伴，还可以是其他团队的重要成员。

第二原则：保持开放、归零的心态。

即便有第三者加入，要让他发挥作用，团队还是需要在复盘前达成共识：一定有一些事情是“我们知道我们不知道的”，也一定有一些事情是“我们不知道我们不知道的”。这是团队保持开放心态的前提，它可以帮助我们学会倾听，能够让第三者发挥客观中立的作用，而不会被我们的“自洽”“自证”所淹没。

好奇心是探寻真相的基础，我们的深度思考能力是在不断探寻的过程中累积起来的，过往的认识、成绩固然非常让人骄傲，但也会成为前行的负担，而空杯的归零心态往往会让我们在复盘过程中发现更多。

第三原则：尽量看见全貌。

我们常说“屁股决定脑袋”。在做业务的过程中，我们其实都会有自己的“屁股”时刻，思考的角度也是常常从自己的站位出发，看不见更多。所以在复盘的过程中，所有人都需要把“屁股”从自己的位置上抬起来，试图从更高的层面去看问题，也就是需要有“老板”视角。另外，在复盘的过程，我们也很容易陷入对细节的讨论中，纠缠在过细的具体情况中，导致讨论效率低下，进而更加无法看清全貌。

针对这种情况，除了保持“老板”视角之外，也可以设定一个角色，该角色的任务是一旦出现陷入细节的情况，能及时地把大家拉出来，回到正轨上。这个角色可以由中立的第三者担任。

战略复盘的四类关键信息输入

我们常常说“功夫在戏外”。要让复盘有效、有产出，需要在复盘之前做好准备工作，以便在复盘时不会天马行空，而是言之有物，这就是战略复盘的输入内容。

战略复盘的输入内容一般可以分成四类。

第一类：外部环境的整体变化

在数字经济和移动互联网时代，消费者、市场状况、竞争状况、技术趋势等都在不断变化，因此定期搜集和随时观测这些变化是非常重要的工作。由于这些数据、变化一般都比较零散，因此通过复盘输入也是对它们统一进行整理和总结的过程。我们可以借这个过程重新审视战略制定中的“能做”层面，如果产生重大变化可能需要改变战略方向。

比如，2013 年我国手机网民规模达 5 亿人，较 2012 年年底增加 8 009 万人，网民中使用手机上网的人群占比由 2012 年年底的 74.5% 提升至 81.0%，并且继续保持着稳定增长（见图 6-1）。手机网民占网民总数的 81%，这是 PC 互联网向移动互联网转化的非常重要的时间点，这就是外部环境的巨大变化。

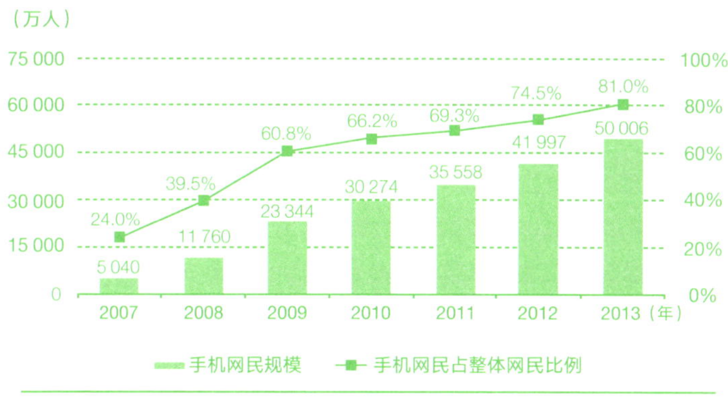

图 6-1　2007 年到 2013 年我国手机网民规模变化

数据来源：2013 年《中国互联网络发展状况统计报告》。

在这个变化中，各互联网公司都调整了战略防线。阿里巴巴在 2013 年 10 月提出全面拥抱无线的“ALLIN 无线”的战略转型，淘宝全面转向无线淘宝，同时推出社交产品“来往”。虽然“来往”最终没能成功，但是这个战略推动了淘宝的全面无线化，也从“来往”的失败中诞生了“钉钉”。腾讯则全面推进了微信，百度的动作比较滞后，进而造成了 PC 时代 BAT 的格局变化。

移动互联网催生了很多重量级应用，也颠覆了PC时代的格局，无论如何这艘大船终将出海，势不可挡。领航者能否拿到船票主要取决于他们对这一变化的重视以及其在战略上的转型。

所以，对战略进行及时复盘非常重要，复盘时外部环境变化的输入也对其有效性起到了很大的影响。

第二类：战略执行过程中的业务数据及最终结果数据

战略复盘另一个重要的输入内容是执行过程的业务数据及最终结果数据。这一类数据依赖团队对业务的理解程度，不能只有结果数据，需要充分展现基于业务逻辑的因果链条过程数据。

对战略执行的复盘很重要的一环是复原执行的过程，找到因果链条中存在的问题，加以分析、总结。比如，淘宝GMV从客户角度的拆解，想要判断他们是否是忠实用户，取决于其是否完成8次交易这个关键点，还有就是是否有跨类目购买行为。这两个数据就是业务逻辑后面的因果链条数据，但是它们并不是简单相加或者相乘的关系，而是相关性关系。可见，复盘的过程也是对业务逻辑的因果链条再一次进行梳理和分析的过程，这样才能让复盘具有现实意义。

对业务逻辑的因果链条要做深度分析，不能停留在表面。在我们梳理湖畔魔豆“养育未来”项目时，发现每个月来养育中心上 2 次一对一课程的婴幼儿，发育滞后的风险会明显降低。每月上 2 次一对一课程和发育滞后风险的降低就是因果链条，但是，只有这么简单的因果链是不够的，我们在复盘时需要识别一个重要的问题：发育滞后风险降低到底是因为课程直接起的作用，还是由于上了 2 次课程的照养人回家后和孩子做了更多的互动？抑或是上 2 次课的照养人的养育观念本来就比较先进？只有清楚了这个因果链条，才能找到问题所在，从而得出有效的行动方案。

对战略执行过程进行复盘的另外一些比较重要的输入内容是，与之相匹配的人才战略的执行情况、关键岗位的招聘情况、内生的人才情况、外部人才市场的竞争状况，以及整体组织能力的建设情况等。这些内容可以由 HR 部门牵头准备。

第三类：客户和客户的声音

客户是战略中的最重要因素，对客户的分析和描述是战略复盘中非常重要的输入。

根据以往的经验，我在对客户进行分析时会问几个问题：目前客户画像是否是预想的目标客户？预想的目标客户为什么没有来，他们的反馈是什么？目前客户对客户价值的认识，是否和预想的一致？客户对该业务的真实感觉是什么？

客户的声音有三个来源：

- 数据分析部门对目前客户进行分析得出的数据。
- 通过对客户的调研和访谈得到的反馈。
- 对客服部门所遇到的问题总结与提炼出的经验。

第四类：来自一线的声音

一线员工是听得见“炮火”的人，也是具体执行战略的人，他们在执行过程中对目标、客户、客户价值的理解，以及对该战略执行中存在的问题的感知、自己的看法和遇到的难点等都对战略的复盘有很大价值。

这些内容可以通过对一线员工的访谈进行总结而得到。听到一线真实的声音是访谈的目标，所以访谈可以由公司中独立的第三方执行，可以考虑采用匿名访谈等方式，目的是让员工获得安全感。

战略复盘的三种内容输出

在战略复盘的过程中，对复盘内容的设计也是决定复盘是否有效的关键因素。根据过往的经历，我总结出复盘前可以从如下几个方面考虑确定复盘的内容。

第一种：对战略的重新认识

通过复盘内容的输入，可以让我们在讨论中确认战略原点是否有变化，尤其是在“能做”“可做”方面是否有变化，以及这些变化是否足以说明要调整战略。

对“可做”的变化讨论前面已经谈到了，需要关注重大的环境变化以及变化的“奇点”是否会到来，什么时候到来。“能做”来源于对人才战略的实施状况的评估，在还原战略执行情况时形成判断。

通过对“想做”“可做”“能做”的复盘，讨论在“该做”上是否需要微调或者大调。

第二种：战略执行中的“真问题”

讨论“真问题”需要有坦诚面对自己和团队的心态，在复盘输入内容的基础上进行探讨。最后可以将讨论的问题聚焦在两个方面。

首先，是否形成了独特的客户价值？独特性是否被目标客户所认可？

客户和客户价值始终是战略讨论的重点所在，尤其是客户价值的独特性校验需要我们极大的重视和关注。如果我们自身并不是我们想要服务的客户群体时，尤其需要注意，因为不能用自己的生活状态去想象目标客户的需求，不然会掉入“何不食肉糜”的陷阱之中。

有一次，我们在讨论湖畔魔豆公益项目如何利用互联网工具递送养育知识给 0 ～ 6 个月孩子的照养人时，就有人提出：“我生孩子的时候请了月嫂。如果我们的客户是月嫂，她们是受过这些训练的，所以我们这个服务不太成立。”一个请得起月薪 8 000 ～ 10 000 元的月嫂的人在设计产品时，如果不走近客户，就无法理解低收入群体在养育孩子方面的需求。

其次，执行这个战略目前面临的最大挑战是什么？来自哪里？有没有解决方案？在目标和执行过程方面是否有偏差？为什么会产生这些偏差？是对战略的理解问题，还是执行的变形？在目标的路径选择方面，目前的解决路径是否是最佳的？有没有更好的选择？

战略执行的挑战很可能还会来自意想不到的方面，需要掰开执行的过程仔细寻找问题，反复论证执行的路径。

2007 年淘宝进入 B2C 平台时，面临的最大挑战就是传统厂商对电子商务的意识问题，这个问题阻碍了招商的进程。执行这个战略的时候表现出来的问题就是我们认为会入驻的传统品牌并没有入驻。仔细分析来自一线和客户的声音可以发现，电商的意识问题是执行这个战略的最大挑战。

在讨论解决方案时，大家认为意识的改变不是一朝一夕的事，在战略路径上更不能“头痛医头，脚痛医脚”，只是去做改变意识的工作，循序渐进地去影响对方。最后决定执行的路径分为几步：先影响最容易影响的客户，他们是在淘宝上已经成长起来的大卖家，从他们的需求出发设计适合 B2C 的平台和功能；另一条执行路径是用成功案例不断影响传统商家。“御泥坊”就是在这个执行路径下成长起来的淘宝创业品牌，它的故事也带动了很多大卖家、国产化妆品品牌进入电子商务市场。

在这个战略路径的指导下，到 2008 年亚洲金融风暴来临，很多外贸厂商想要转向内贸时，淘宝商城适时推出“淘品牌”，规模化地帮助他们转型。“小狗电器”等就是随着“淘品牌”成长起来的外转内典型。到“双十一”开始“一天卖一个季度”到“一天卖一年”，这些案例和故事不断影响着线下品牌的意识，电子商务逐渐为所有厂商所重视。

战略的执行是一个连续的过程，在这个过程中，问题和路径都需要根据环境等变化不断进行调整，这就是战略复盘的意义所在。

第三种：评估目前这个战略处于什么阶段，下一步的行动方案是什么

战略复盘仅着眼于执行过程是不够的，我们需要用“全局观”的视角去评估战略所处的阶段，并且规划下一步的执行方案。我们将在下一节中详细讨论这部分内容。

战略的不同时期以及不同的行动方案

确定一个新的战略后，就进入了战略的尝试期。迅速试错是这个阶段的主要任务。这个阶段可以允许多个团队多头并进，在不同的路径上进行探索。团队的配置最好是“麻雀虽小，五脏俱全”，并让功能齐全、精干的小团队快速奔跑。

这个阶段的战略方向可能是模糊的，因此使命、愿景是这个阶段重要的驱动力量。理解使命和愿景对理解战略方向也非常重要，需要团队上下深入地沟通和理解。在文化上，鼓励创新、试错、分享，建立宽松的环境。团队内部需要经常复盘，保持开放的心态，重复 Plan-Do-Review-Plan 的动作，对准目标不断调整路径。**在 PDRP 循环的过程中，进行决策的模式是采取自下而上的方式，多倾听客户、一线员工的意见是一个有效的方法。**

战略复盘时很重要的一个任务就是识别战略处在哪一个阶段。

1. 识别尝试期是否结束，进入发展期

对尝试期的战略实施情况进行复盘，主要目的是发现具有“明星相”的业务尝试，而被客户认可的独特客户价值是该阶段的关键考量指标。例如“钉钉”是从“来往”的免费电话功能发展出来的，最初的产品定位是企业用户的工作沟通工具，

因此信息的已读、未读功能最大限度地满足了企业之间的高效沟通需求，尤其是老板的需求。最初尝试时，钉钉就得到非常多老板的喜爱，自发使用钉钉的企业也越来越多。由此可知，所谓明星相就是“独特的客户价值”。

对尝试期的战略实施情况进行复盘之后，形成的行动方案主要是去掉明显不符合战略方向或者停止注定会失败的战略。

2. 识别发展期是否结束，进入扩张期

这个阶段的目标是确定是否形成了业务模式，是否在最小单元上尝试成功。业务模式主要考量目前获得的客户是否和预想的一致，客户价值是否得到客户的认可，业务是否可以不依靠广告等资源的投入，进入自运转状态。

业务模式与商业模式不同，尤其是在互联网产品的发展阶段，很多公司都是先有业务模式再寻找商业模式。**业务模式要回答的问题是，产品是否能够产生“独特的客户价值”，以及这一客户价值是否会为客户所接受。**在评估独特的客户价值时，需要抛开用“低价”“补贴”等方式获得客户等因素，单独进行评估。如果前期使用这一类方法获得了客户，那么在评估这种方法是否形成了业务模式的时候，需要考虑一旦没有获得“补贴”的客户是否依然会留存，客户会不会因为“独特的客户价值”持续留存。

最典型的例子是“滴滴”。滴滴早期依靠各种补贴、优惠聚拢了大量的用户，但是它的客户价值是利用互联网技术帮助用户高效找到附近的司机，满足用户高效、便利出行的需求。评估业务模式的时候一定要拨开营销的迷雾，看见独特的客户价值。

战略方向上的尝试一旦跨过发展期，就要考虑加大资源投入，迅速攻城略地，复制成功，进入扩张期。

战略复盘的三大阶段

我们谈的战略复盘并不单指一次会议，它包含了设计、实施和沉淀、行动 3 个阶段。

第一阶段是复盘的设计阶段，设计要明确包含以下内容：

- 为什么在当下复盘？
- 复盘的具体目标有哪些？
- 复盘的参与者是谁（关键人物）？
- 复盘需要输入哪些内容（关键信息），以什么形式输入？
- 复盘的时间、地点、流程是什么？

为了回答这些问题，可以先由决策者和组织者来讨论确定。

第二阶段是复盘的实施过程，一般包括 5 个步骤。

步骤 1，开场： 将复盘的背景和目标阐述清楚。

步骤 2，内容输入： 按照确定的顺序进行复盘的内容输入。

步骤 3，讨论：根据输入的内容和复盘目标穿插讨论，引导现场的提问、反馈，呈现问题以及深入讨论解决方案、行动计划，随时产生阶段性成果。过程中可以安排记录人员对讨论的关键过程和决策进行记录。

步骤 4，行动计划：确定后续的行动计划和负责人等。

步骤 5，结束时进行总结。

第三阶段是沉淀与行动阶段，也是对战略复盘结论的落实阶段，需要完成 4 个动作。

动作 1，存档：对复盘的结果进行存档和沉淀，以便下一次复盘时使用。

动作 2，沟通：将复盘内容和结论同步给内外部的利益相关方。

动作 3，执行：跟进复盘产生的行动计划，确定各个行动计划的负责人，落实执行工作。

动作 4，对行动计划进行定期评估。

THRIVING

FROM STRATEGY TO EXECUTION

第三部分

战略的人事合一

没有“人”的战略，再好的规划
也“赢不了”

从制定战略到战略执行到位是一个“人事合一”的过程。可以说,“人”和“事”是战略这枚硬币的“A 面”和“B 面”。

战略的 A 面是“事”,明确我们该做什么和怎么做,它包含了基于使命和愿景构建的战略、目标、业务模式、运营系统等;战略的 B 面与人密切相关,它回答的是能力、可能性和意愿的问题:使命、价值观、组织文化和激励体系解决的是愿不愿意做的问题。人才系统决定了组织能力,也就是组织有没有能力做的问题;组织架构和管理模式解决的是可不可以做的问题。

在愿不愿意的问题上,使命、愿景、价值观是偏内在的、由认同而带来的软性驱动力,而激励体系是偏外在的、比较硬性的驱动力。

我们在谈愿不愿意的时候，常常会提到一句话：因为相信，所以看见。很多创业者也会拿这句话去要求团队、员工和他一起看见。其实这句话的重点是如何相信，而不是共同看见，看见是相信后的一个结果。在愿不愿意方面，软性的驱动力做起来很难，可一旦做到却是力量巨大。所以，当我们希望团队能够一起看见的时候，就要去解决如何相信。

战略的执行过程是一个需要坚持和聚焦的过程，也非常需要相信的力量。在相信的基石上，有一个有效的方法，就是“积小胜为大胜”。

我们从愿景到战略再到年度规划实际上就是一个拆解“大胜”的过程，但以年为单位对于身在其中的人来讲还是偏长了一些，因此可以把年度计划中关键的时间节点或者关键事件拿出来作为“小胜”，作为不断接近目标的标尺鼓舞和激励大家。在这个过程中让大家看见客户，感受到自身价值，并进一步萌生信心，就是在建立相信。

THRIVING
从战略到执行

带领团队要兼顾理想与现实

人生总是有理想和现实两面，带领团队向前走的时候需要这两面都考虑到。除了软的内心的驱动力之外，还有由绩效系统所代表的硬性激励，因此要兼顾每一个团队成员的现实生活问题。

> 在我刚加入淘宝一星期的时候，公司开了一次全员会。会上，当时的 CEO 孙彤宇讲了淘宝的前景，他说："如果做不好，我是没脸回阿里巴巴的，到时候你们大家也就地散了吧。"接着马云老师上去讲："你们都是年轻人，都有结婚、买房、买车的需求，公司不能承诺你们未来会有钱，只会承诺你们将会有很多的磨难。但是如果你们足够努力的话，可以和公司共享未来，车与房子不用说了，一定会有的，还会有历经磨难以后的成长。"
>
> 阿里巴巴在激励方面的做法是将工资的水准维持在行业工资的 75% 这一水平，但通过激励系统（包括期权、年终奖等）进行绩效评估。最终同一职级的工资拉得很开——最多的年终奖是 10 个月的工资，最少的是一分没有。这样的薪酬方式激励着员工不断超越自己——"今天最好的表现，就是明天最低的要求"。

胸怀理想、脚踏实地是我们面对实际问题时需要考虑的两个方面：**仅有理想是虚幻的，而仅有现实就没有成就感，因此既要建立使命感也要面对现实，给大家金钱方面的激励。此外，讲使命感的时候也不要去考验人性。**

员工的思维模式会受到激励机制很大的影响。我目前的工作有机会接触很多高校的师生。在我的印象中，高校的客户是学生，老师应该会很在意上课的质量和内容。但是后来我发现事实不是这样的：能够帮助高校老师拿到职称加工资的是论文，所以教学已经不是他们的主要关注项目。而对于学生来说，拿学分换毕业证是他们的主要目的，所以他们会选择一些既轻松又能拿高学分的课程，并不怎么关心课程的内容和质量。大多数人并不会去想他们所选择的课程是否对未来有帮助。这些错位的思维模式都是考核和激励机制所带来的，它导致的结果也是非常可怕的。

关于战略的 B 面，主要讨论围绕 A 面展开的组织保障、人才战略和组织文化三个方面。

07

组织保障，从战略到执行的“战车”

THRIVING

FROM STRATEGY TO EXECUTION

做战略不是首席战略官的事，战略的第一责任人是 CEO，第一责任团队就是整个核心团队。

我发现CEO们总是很焦虑，还很“求知若渴”，常常到处去上课：上完战略课，就去找首席战略官；上完组织课，就去找“大厂”出身的CPO……好像找到这几个关键人物，战略就有了，组织就好了。事实上，战略能力、组织能力不是找到一个人就能有的，组织中的成员有了这些能力才是关键。

我在湖畔创研中心开了好多次“战略到执行”工作坊，总有同学问：“做战略是谁的主要职责？”我的答案永远都是一样的：**“战略不是首席战略官的事，战略的第一责任人是CEO，第一责任团队就是整个核心团队。”**我们要讨论从战略到执行的组织保障，首先要做的就是明确从战略到执行是CEO和核心团队的主要职责。

也会有人说：“做战略不就是CEO的事情吗？我们只管执行就好了。”在不确定的环境中，依靠“超能CEO”个人一己之力能够走得远的机会越来越少了，我们需要团队是因为不同个体之间的能力互补、能完成个体不能完成的事。所以，CEO和核心团队要能够成为真正的“团队”。

我们在阿里巴巴经常会讲“一群有情有义的人一起做一件有意义的事”。很多人以为“有情有义”是通过经常聚在一起喝酒、泡吧产生的。事实上，每个团队、每个领导者都有自己的特质，要根据特质去寻找和团队建立连接的方法。

我是个不喜欢泡吧也不会唱歌的人，我的方法就是每个星期五和团队开午餐会，在比较放松的氛围中一起讨论各种各样的话题。另外，带领团队去戈壁徒步，在这种极端环境中的共同经历也是短时间内走近彼此的一个极致方法。我曾经带领淘宝和聚划算团队去过两次戈壁，回来后，整个团队的面貌都有了巨大的改变。

形成团队，最关键的是能够看见彼此，互相理解，建立共同的目标。通过使命、战略讨论达成共识的过程，就是把CEO的“初心”变成核心团队的“使命”的过程，也是把使命落到行军路线图上的过程。

“使命”的寻找是一起发现做这件事情的意义的过程。工作是生命中很重要的组成部分，使命的寻找从某种程度上而言也是生命意义的寻找。我们总是羡慕别人的公司良将如潮，但“梦之队”从来都不是第一天就有的，也不可能是买来的。梦之队是用彼此一段一段的生命交织而成的。使命让生命与众不同。有了使命的指引，我们在做战略选择时才会容易达成共识。在组织这个战车之中，使命是前行的引擎。

建立机制，持续、系统地打造组织能力

战略能够落地实施，少不了组织保障。

所有关于组织保障思考的基点都要落在战略上。我们还是用登山举例。2005 年曾有朋友邀请我一起去登乞力马扎罗山，我思考了很久没有去，原因就是怕自己的体能不够，无法到达顶点。结果他们回来告诉我，他们的目标不是最快也不是必须要登上最高峰，而是欣赏沿途的风景，甚至还带了 4 名厨师一路供应不同风格的餐食。这就是看上去一样的目标，由于目的不同，对应的实施方法也不同。按照我的想法，这样的团队，其成员必定是个个体能都过硬，目的非常清楚，就是登顶。而他们的目标是享受过程，所以团队成员的体能并不重要，而保障享受登山的过程才是重要的。因此，团队组成和行进路线也是完全不同的。

基于战略执行讨论，组织保障可以围绕三点进行。

- 实现这个战略需要什么样的组织能力？需要多少人？是具有哪些能力的人？
- 实施这个战略所匹配的管理模式是什么？管理模式可以从组

织架构、沟通模式、考核方式等方面考虑。

- 实施这个战略所匹配的企业文化是什么？

考虑实施战略所需要的关键组织能力，是指这个组织面对竞争、外部环境、客户，实施战略的过程中所需要的在整体组织层面的关键特质。

组织能力是对能力的描述，不是对技能的描述，比如：创新能力、对客户需求的感知能力、应变能力、执行能力、协作能力等。

考虑关键组织能力，可以参考的维度有：战略实施所面对的外部竞争状况的激烈程度、战略实施的阶段、复杂程度、协作的难度、时间要求、团队现状、组织问题等。找出实施战略所需要的最关键的组织能力，一般不要超过三个，因为超过三个就会失焦（如表 7-1 所示）。

表 7-1　组织能力示例

公司	关键战略项	组织能力
三星	通过“数位化整合”快速增长	创新、速度和全球化
3M	通过多元化经营驱动增长	创新
戴尔	与主要客户建立密切关系	速度、定制
丰田	质量领先	高质量、低成本
西南航空	服务短途、高出行频率的旅客	低成本、速度、快乐

续表

公司	关键战略项	组织能力
花旗	为全球客户提供金融解决方案	以客户为中心
沃尔玛	通过每日低价创造客户价值	高效、低成本

确定关键组织能力之后，就要制订打造组织能力的计划。可以从三个方面考虑。

- 组织是由个体组成的，每一个个体的能力、思维模式等构成了组织能力。所以，个体维度的组织能力思考需要带到人才观、招聘、晋升和人才保留方面。
- 组织能力打造和员工的思维模式息息相关，思维模式的建立需要明确的方向，并与日常工作紧密结合，经过长久的坚持才会变成组织的特质——组织能力。
- 持续地、系统性地打造组织能力，需要有切实可行的行动计划。

在如何行动方面，淘宝早期有一些做法是可以借鉴的。比如，我们曾经有一个共识，认为淘宝的创新能力在和 eBay 易趣的战争中至关重要，所以要花一年时间重点打造淘宝的创新能力。

那么如何打造创新能力呢？相信很多企业都曾经讨论过这

样的问题。我们在讨论这类问题的时候都会有一个目标：**如何用机制来保障持续而不是一时的热度**。这也是思维模式导致，平台型企业会面临很多突发问题，而面对这些问题如果总是“头痛医头，脚痛医脚”的话，团队会陷于疲于奔命之中，所以我们慢慢建立起系统化解决问题的思维和行动模式——重视机制的建立和执行的系统保障。

讨论行动计划的时候，我们首先讨论什么是创新，得出的一个结论是：**天翻地覆的创新可遇而不可求，能够脚踏实地做的事情是“改进”，在不断改进中也许会有大创新出现。**

在达成此共识的基础上，大家就把讨论聚焦在如何改进上：改进建议从哪里来？如何搜集、甄别？如何系统化实施改进？如何评估改进的效果？激励机制是什么？这些问题讨论清楚以后，就能得出行动计划。

- 改进是每一个员工的事情，需要每一个人从本职工作的层面上提出。
- 员工在周报中增加一栏“我的改进建议”，每周必须要根据本职工作思考提出 1 ～ 3 条改进建议。团队开周会时进行讨论，选出最有价值的 3 条集中到公司。公司两个星期到一个月总体讨论一次，根据优先级进入开发或者实施环节。
- 产品部门选择专人负责评估改进建议的优先级、实施方法、工作量，开发部门留出 10% 左右的开发力量用于改进建议的开发。除了考虑客户需求之外，我们也要根据客户的感知程度、实施的难易程度排列优先级。

- 改进建议实施以后，要给反馈机制，根据改进的结果进行季度评奖。
- 如何推广这个行动计划？我们给它确定了一句易于记忆的口号“马上做，做精彩”。

从管理团队开始，将邮件、旺旺签名都改成“马上做，做精彩”。利用公司的各种资源对这个行动计划进行宣讲，按照计划将各个层面的行动落到实处。

这个行动计划实施之后，淘宝产品几乎每周都有更新与迭代，所有淘宝的员工也都学会了从本职工作的层面去考虑客户需求，想方设法改进客户体验。最后，创新变成淘宝员工的本能思考。淘宝通过“马上做，做精彩”打造了特色的创新和执行的组织能力。

先改变行为，再改变思维

淘宝是一个强调执行和系统思维的组织，每一次解决问题的时候，我们都会追问：这个问题是否还会出现？如果出现如何被及时发现？如何被迅速解决？还会不会有类似的问题？为此我们是否可以建立机制，保障类似问题出现时能够被及时识别和解决。

如何让开会更高效

每一次讨论问题的时候，我们的习惯都是先聚焦问题，对问题本身达成共识，然后再讨论如何解决，最后要问：我们的结论是什么？有没有遗漏？行动方案是什么？如何评估？

这种面对问题的能力，并非第一天就能具备。执行能力的养成源于对工作的系统思考，也来自日常工作中对讨论结果和实施效果的重视，并不是一蹴而就的。很多和淘宝合作的伙伴非常惊讶于淘宝员工在思维方式和行动落实上的一致性。这些从核心团队到一线基层员工的一致性来自非常多的实践。我们将经验总结成一句话："先改变行为，再改变思维。"

2005 年，淘宝员工有 300 多人，完成了 100 多亿元人民币的交易额。除了 eBay 之外，雅虎、腾讯等大公司也都对电子商务觊觎已久，纷纷入局。面对这样的竞争局面，淘宝的整个团队弥漫着焦虑的情绪，工作时间充斥着各种会议，仿佛会议可以缓解焦虑。然而，很多会议让团队更加焦虑，不确定性在很多情况下令会议没有结果，非常低效。

那时候，部门之间的协调很多，所以每个星期五上午，核心团队在一个会议室里面一起办公，下午开周会。除了业务讨论之外，周会有一个固定的话题：组织面临什么问题？如何解决？

有一次在周会上，我们就提到整个公司会议很多，非常低效。面对这样的问题，有人提出去购买一个“高效会议”的培训，全员参加。但是那时候淘宝是个创业公司，没有很多的培训预算，经过讨论得出的初步解决方案是选出一个人去参加“高效会议”培训，回来再给大家培训。

培训回来的同事首先给核心团队做了培训，我们就继续讨论怎么落实：目标是如何让全公司的会议高效。最后我们发现，与其全员进行培训，不如把高效会议的要点做成一张会议记录表，将高效会议的要求融入进去：需要明确的议题、明确的参与人、明确的时间地点、输入什么内容、产出什么内容。最重要的是行动计划以及完成的时间节点。另外，还要明确会议的主持人、记录人等角色分工。然后，我们就讨论了实施的计划、机制的保证：

- 公司所有会议必须有会议记录表，必须指定主持人、记录人。
- 严格规定每一次会议必须按时结束，必须有结论和行动计划。
- 会议结束后，将会议记录表发给所有人确认，以确定共识。

- 发起人必须对会议的结果负责。
- 公司层面必须定期对会议记录表进行抽查，如果不合格，需要对发起人提出改进建议。

因为对会议的召开、结果有了明确的要求，所以我们让每一次日常会议都变成了一次练习的机会——我们改变的不仅是开会本身，还有对结果、时间性、责任分配等规定动作的要求，逐渐让整个团队的风格变得务实、高效、追求结果。

“先改变行为，再改变思维”，这和我们的常识是相悖的。通常大家都认为“先改变思维，再改变行为”。很多事情都是知易行难的，如果我们不逼着自己去做，思维改变也只是一时的改变，只有不断地做，不断体会行为改变所带来的改变，才能将思维改变内化成一种能力。在组织中，尤其是提升组织能力方面，思维的改变可以通过设计表 7-2 所示的会议记录表这样的方法去实现。

表 7-2　会议记录表

会议记录表
主题
时间
会议形式
主持人
记录员
参会人员

续表

议题一			
议题名称			
目标			
负责人			
讨论纪要			
	行动计划	负责人	时间
后续行动			

议题二

备注

08

基于未来的人才观：没有好人坏人之分，只有合不合适之分

由于目标不同，
人才和人才也是不一样的，
A 方面的人才未必
在 B 方面也是人才。

组织保障离不开人和人才。组织的人才观一定是围绕战略来确立的。

有一次我和表妹去逛街，结果走了一会儿她就说脚疼走不动了，我说："你这个运动员还不如我，这么一点路都走不了。"表妹说："姐姐，我擅长的是游泳，不是走路。运动员和运动员是不一样的。"那一瞬间，我恍然大悟，由于目标不同，人才和人才也是不一样的，A 方面的人才未必在 B 方面也是人才。

那么我们如何判断人才呢？考虑人才的时候，一定要从战略出发。

- 实现这个战略的关键部门和岗位是哪些？这些关键岗位需要什么样的人？他们应该具备什么样的能力？
- 我们目前是否已经有了这些人？如果没有，我们应采用什么策略去获得这些人？是内生还是外购？如果外购他们会在哪里？

- 这些关键岗位未来还是不是关键岗位？未来的关键岗位需要什么样的人？如何获得？
- 在关键人才方面，我们保留谁？发展什么能力？改变什么状况？

关键岗位的近和远

2007 年，淘宝进行战略实施的时候，我是第一任淘宝商城（天猫前身）的总经理。从小商家的运营到大商家、大品牌商的运营，整个团队都缺乏对商家的理解能力，甚至和大商家对话沟通的能力也是缺乏的，更不必说提供服务的能力了。

当时，淘宝的运营是很社区化的，面对的也都是小商家。小商家的需求、规模和大商家、大品牌商完全不同。每次做促销的时候，一天 100 单就能够让小商家全家出动，大家一起写快递单、打包、发货，而大商家的要求可能是一天 1 000 单甚至 10 000 单。这些差别对平台、产品、系统、服务的要求都是天差地别的。

基于淘宝商城的客户和客户价值，我们确定了两个关键岗位，一个是招商，说服大商家进驻淘宝商城，还有一个是商家产品的服务和运营。前一个岗位是急需的岗位，后一个岗位是从战略推导出的未来 3 年的重要岗位。

关键岗位从战略出发是具有未来观的，能够给人才储备和培养留有一定的时间，也可以让我们看清未来的人才需要，在投资上不会盲目，也不会犹豫。

系统性思考人才观

我们需要系统性地思考人才的问题。首先厘清实现战略所需要的组织能力。组织能力和人才观也是息息相关的，人才观描述的是每个岗位的知识技能和职业能力之外的、全组织需要具有的特质，这与人的性格特征很像。

基于战略我们要做整体的人才分析，然后得出人才观。人才观需要一些更底层的思考，比如我们在组织能力上希望有创新的能力，那么是否要把创新能力列入人才观呢？我的看法是创新的能力可以培养，但是底层特质的基础需要搭建好，要思考创新能力在具有何种特质的一群人中比较容易培养出来，比如可能是聪明的人。这里不是说不聪明就不好，而是我们要寻找和相应的组织能力需求相匹配的人才特质，比如我们非常需要执行力的时候，聪明就未必是相应的底层特质，踏实反而更合适。

人才观也要体现在选、用、育、留的人才系统中，比如对于奖金和期权等激励手段，谁更适合用奖金激励，谁更适合用期权激励。**我们依据战略和从中导出的人才观，在同等绩效的情况下，对中长期有发展价值的员工偏向使用期权进行激励，对短期业务发展有价值的员工用奖金激励。**

阿里巴巴目前的人才观是聪明、乐观、皮实、自省。从成立到现在 20 多年期间，我们经历过两个阶段，第一个阶段的描述是“平凡人做非凡事”，第二个阶段是“非凡人、平常心、非凡事”。

这样的变化和公司发展的阶段、外部竞争都有关系。在创业阶段，阿里巴巴在人才市场并没有任何竞争力。我们当年甚至连一个像样的面试室都没有，只能在办公楼的公共区域面试（很不幸，一般空闲的位置都是在厕所附近），能招进来的人都是平凡的人。阿里巴巴的不同在于，公司规模很小的时候就具有远大的梦想，所以我们就讲“平凡人做非凡事”，你需要聪明、乐观、皮实、自省才行。

2012 年以后，阿里巴巴的业务发展得很好，应聘者的学历、背景越来越好。那时候我们讨论，招聘的要求已经改变，越来越多的精英聚集在公司，是不是“平凡人做非凡事”要变成“非凡人做非凡事”。这句话一出来怎么看都觉得有一些问题，后来大家的结论是公司业务越来越大，此刻员工的心态应该更谦逊，更要有一颗平常心，所以这句话就变成了“非凡人、平常心、非凡事”。

在企业发展的不同阶段，公司能招到的人是不同的，心态也是不同的。所以，我们希望员工用什么样的心态、姿态工作，这些都和公司的人才观有关系。人才观偏向人的性格特征，对人才观的诠释要有文化上的考虑，要诠释他们工作时的心态和姿态。

每家公司的人才观和公司的战略选择、所处行业、竞争环境都是密切相关的，比如阿里巴巴的人才观中的聪明，是因为业务没有什么可以借鉴的地方，非常需要创新，那么创新的底层特质就是聪明。而之所以要求皮实和乐观，是因为创业初期太难了，B2B 员工跑业务时候被狗追，淘宝一开始被 eBay 围堵，实在是困难重重，不乐观和皮实的话一定坚持不下来。

行业的变化也让我们在取得成功的同时随时面临着失败的风险。2012 年业务发展很好的时候，移动互联网大潮又来了，PC 时代的一切经验都归零了……这些就是一个要走 102 年的公司的日常和现状，所以我们还是要找乐观而且皮实的人，他们必须经得住各种变化，受伤了晚上自己舔舔伤口，第二天继续上战场。皮实和价值观中的“拥抱变化”也是相呼应的。

业务主管是人才战略的第一责任方

人才战略是与战略紧密相关的，我们不仅要思考业务现有的需求，也要思考未来 3 ～ 5 年的需求，企业战略和人才战略应该放在同样的时间维度去思考。

制定人才战略可以遵循 3 个步骤。

第一步，绘制人才地图

- 根据战略厘清组织需要什么样的组织能力。
- 构成组织能力的关键人才：他们是谁？在哪里？（内部在哪里？外部在哪里？）如何得到？内生，还是外购？
- 确定内生和外购的策略。

第二步，确定人才观

- 确定战略实施的关键岗位。
- 明确关键岗位的岗位描述，以及它与关键岗位和关键人才的匹配程度。
- 通过基于战略实现所需特质的总结，确定整体人才观。

第三步，落实人才战略

- 核心团队以身作则向人才观所倡导的特质靠拢。
- 用人才战略指导公司人才系统的选、用、育、留各个方面。
- 激励系统体现人才观，例如激励方式中奖金和期权的安排。

人才战略的关键有两点：第一，兼顾长期与短期，以及它与业务战略的高度协同；第二，人才战略的第一责任人是业务主管，业务主管是 HR 在组织、人才方面的服务对象。这是战略和业务视角的人才战略，不是 HR 视角的人才战略。

找到人和落好地是执行关键

淘宝最初几年业务发展很快，对人才的需求很大，但地处并非互联网大本营的杭州，而且电子商务仍处于初期阶段，这方面的人才几乎没有。找到人，找到合适的人成了淘宝面临的一个重大难题。

那时候，我们采用的方法是做标本员工的分析：分析工作表现突出、快速适应的标本员工，分析一下他的特质、教育背景、过往的工作背景，然后去留意和他差不多的人，有针对性地去找。通过这种方式找到合适的人的概率很高。后来我们又总结了一下，“来一个带一窝”的情况也很多，所以就增加了内部推荐机制，鼓励员工推荐同学、朋友来面试。如果被推荐人被录取并且通过试用期，公司会根据被推荐人的职级给予推荐人不同数额的现金奖励。这个内部推荐机制一直保持到现在，目前阿里巴巴通过内部推荐方式招聘的新员工约占总数的一半。

内部推荐机制既能鼓励员工推荐同学、朋友加入，也考虑到了新同事入职后尽快适应环境的问题。

新人进入一个新团队的时候总会感到孤独，很难融入。淘宝针对这种情况，建立了一套“师傅”制度。每一个新人报到时，公司都会给他指定一位师傅。师傅不一定与新人是同部门的，可能是合作部门的。对师傅的要求就是对公司熟悉、价值观符合公司要求并且热心。师傅的职责是解答新人的一切问题，比如厕所在哪儿，到哪儿领电脑和办公用品，在工作过程中，遇到具体的问题应该找谁解决，以及流程方面的问题。总之，所有跟工作有关或者无关的事情都可以找师傅。从新员工的角度看，来到一个新环境的陌生感会因此而减弱。公司的温暖和人情味会让新人很快安下心来投入工作，缩短适应的时间。师傅制度也是“一群有情有义的人”特别直接的体现。

有意识地发现问题，并且能够建立机制去系统性地解决问题，是一家公司执行能力的具体表现。我们所讲的执行能力并不只是机械地执行指令，而是经过思考、消化后思辨地去执行。这种能力需要团队领导者在执行的过程中，把自己当成教练，不追求完美，容忍错误，不断向团队提出问题，让团队边思考、边做、边改进。

心要软，刀要快

人才观和人才战略明确以后，我们还需要对人才做盘点，这是人才战略的必要动作。通过定期的盘点，我们可以看清楚现有员工与人才、战略的匹配程度，找出要重点引入的人才，圈定重点培养的面向未来的人才，筛选出需要保留和淘汰的员工，在激励的过程中不要遗漏。人才战略需要平衡人才的短期需求和中长期储备需求，尤其不能忽略中长期储备需求，因为它是战略执行的重要保障。

我们讨论人才留用的时候，通常思考的是现金和期权，其实对使命的认同也是人才留用的一个很重要的方面。马云老师经常说阿里巴巴最后留下来的都是“不太聪明”“又傻又天真”的人。我的理解是，这群人不是真“傻”和“天真”，只是我们更愿意相信别人不相信的事情，也是因为公司使命和个人使命的一致性。而公司要做的就是让这群人做出业绩后得到认可，无论在精神上还是物质上都需要考虑。

关于留用的另外一个话题就是，是不是所有愿意留下的人都要让他留下呢？当我们从战略出发看的时候，就知道谁是有潜力的人，要想办法留住他，并且不断给他提供成长的机会，有意识地培养他。对于一些跟不上公司业务发展的人，要如何处理？这是很多 CEO 的难题。我的看法就是需要果敢地下结论，充满人情味地分别，所谓“心要软，刀要快”，人才并没有好坏之分，只有合不合适之分。将不合适的人放在不合适的岗位上，对业务和个人都是损失。

人才盘点是基于战略进行的盘点，战略提供了人才盘点的标尺。同时，人才观也是很重要的参考条件。盘点以后，就需要制订行动计划，这是很重要的一点。

09

文化是土壤，价值观是文化的底色

建立文化的过程需要“虚”的
事情“实”做，
寻找适合的方式和载体，
不拘一格让文化流淌
在员工的血液中。

我们讨论与战略匹配的组织和人才时，总是离不开文化。文化就是在企业当中真实流动的东西，是战略生长的土壤。价值观是文化的底色，是面对真实问题时的选择，也是行为的规范。

很多人问我：没有明确价值观的公司有企业文化吗？当然是有的，文化就是这家企业中每一个人的言行举止。CEO 和核心团队的言行举止对文化的影响最大，几乎起决定作用。说白了，不管有没有明确的价值观或者是否在践行价值观，一家企业的文化终极体现就是“奖励谁，晋升谁，开除谁”这三个维度。

文化讲起来是很虚的东西，但是有意识地从战略阶段、行业特点、竞争等方面去思考企业需要什么样的文化，会对业务有很大帮助。

建立文化的过程需要“虚”的事情“实”做，寻找适合的方式和载体。

战略不同阶段的组织形态与文化

战略在不同发展阶段会有不同的特征，我们为了让战略能够生长出来，也要考虑与之相匹配的组织形态与文化，同时寻找文化落地的载体和机制（见表 9-1）。

表 9-1　不同战略时期的组织形态与文化

	尝试期	成型期	扩张期
特征	混乱 / 野蛮生长	混乱 / 修枝、间苗	聚焦 / 施肥、成长
实现路径	尝试	收敛	训练有素，快速执行，攻城略地
业务模式	使命驱动 自下而上	战略驱动 互动	商业模式驱动 自上而下
组织形态	全功能小团队 多头并进	确定方向 团队合并、整合	矩阵式 资源集中投入
文化	创新 / 反思 宽松 / 鼓励创新 / 试错	胸怀 / 整合 目标统一 / 沟通到位	执行 / 协同 令行禁止 / 目标清晰

尝试期的战略，只有一个模糊的方向，实现路径、方法，业务模式都不明确。在这个阶段想清楚为什么而做非常重要。也就是说，**通过使命驱动，使团队对使命达成共识是基础和前提。**

尝试期的战略很难通过规划明确，需要我们在不断的尝试、失败、总结、调整中摸索着前进，所以更要让整个团队理解使命，给一线团队更多尝试的空间和自由，鼓励创新。我们可以考虑在文化上采取比较宽松的方式，不怕犯错误，也要容忍混乱、野蛮生长、多方探索。在组织结构上尽量减少协调成本，使用功能比较全的小团队迅速试错。

鼓励试错的文化也需要考虑配套的“沉淀”机制，在日常工作中建立复盘的习惯，及时总结、沉淀，让犯过的错误变成财富。对于创新业务，要求团队“不在同一个地方摔倒两次”。这可能是尝试期文化的一种表现形式。

经过一段时间的探索，战略会进入成型期。这个时期的任务是收敛，减少混乱，很像是对尝试期野蛮生长的乱枝进行修剪。修剪的目的是剪掉多余的枝条，将营养集中供给有潜力向上生长的枝条。对明显不在战略路线上或者不能完成战略任务的尝试进行收缩，对那些对战略实施有潜力、有突破的尝试加大投入。这是一个聚焦的过程，需要通过上下的互动、分析来逐步形成。这个时期需要战略相对明确一些，通过战略驱动进行业务整理。同时，还需要更加明确的战略方向，做到上下统一、沟通到位。在组织和业务上进行关停并转的过程中，总有一些团队、个体会“受伤”，因此对个体的关怀和理解，让员工理解业务的变化非常重要。在文化上要倡导融合、胸怀、坦诚。在战略成型期，我们不要急于做判断，看不清楚的时候就耐心等一等，这样才不会错失一些有潜力的尝试方向。

战略成型期对领导者的要求是果断，能够勇敢地放弃鸡肋业务，勇敢对成型的业务做投入，使战略聚焦，从而扩大战果。

当战略形成可复制和发展的业务模式，目标、战术逐渐清晰的时候，组织就进入了战略的扩张期，扩张期的任务是快速扩大成果，攻城略地。这个时候战略清晰，是业务（商业）模式驱动的，需要快速执行，而命令的传导是自上而下的，资源会集中投入，文化上倡导执行力和大部队协同作战，迅速达成结果。这时候投入的资源非常大，可以考虑调兵遣将，实现矩阵式推进。

根据每一个业务单元所处的战略时期不同，我们可以考虑采用不同的管理模式和组织结构，并且可以考虑在大方向统一的前提下形成与之相匹配的独特文化。

这也要求我们要经常对战略做复盘，确定战略的生长阶段，确定与之相匹配的资源、组织、文化。

“虚”的事情“实”做

文化的建立除了考虑不同的战略阶段之外，也需要寻找合适的载体、方式，不拘一格地让文化流淌在员工的血液中。

淘宝建立初期，外部被 eBay 强势围堵，内部需要传承阿里巴巴“让天下没有难做的生意”的使命，在这种情况下，淘宝独有的武侠文化——“侠之大者兼济天下”产生了。除了和使命一脉相承之外，“锄强扶弱”的侠义精神也鼓励员工不畏权威，挑战自我。

在武侠文化的落地上，“花名”是一个很好的承载体。武侠小说中，每个人物都有独特的个性和经历。这些人物彼此之间存在关联。因为每个人都有“花名”，大家用“花名”互相称呼，自然就有了一些代入感，看见小说中与自己关系密切的人自然会有亲切感。这样一来，大家就避免了过于强调层级，从而营造了平等的氛围。另外，“花名”的使用只选择武侠小说里的正面角色，并且角色的命运不能太差，这样的规定的价值取向是很明确的，就是“侠义”精神。

THRIVING
从战略到执行

“倒立文化”与“厕所文化”

淘宝初期还有一个“倒立文化”，源自外部激烈的竞争和互联网的创新需求。“倒立”就是“换个角度看世界”，鼓励大家不畏权威、挑战自我、不自我设限。

“倒立文化”缘起于非典时期。当时淘宝创始团队被关在湖畔花园的小屋子里，没有办法外出锻炼身体，只能用倒立的方法锻炼。后来，大家觉得如果从正常的逻辑看待淘宝和 eBay 的竞争，那么从人才、资源、电子商务方面的专业能力等方面看，淘宝都毫无胜算，不“换个角度看世界”就没有“蚂蚁战大象”的信心。慢慢地，倒立成了淘宝创始团队的常规动作。

淘宝是如何在发展中将“倒立”融入淘宝人的血液，变成“倒立思维”这种独特的思维方式的呢？

首先，每个进入公司的新员工都要学会倒立。这突破了很多人的舒适区了。大多数新员工的第一反应是：“倒立？我不会。”但是教会新员工倒立是主管的职责，通过一系列的示范、帮助、尝试之后，每一位新员工都能够学会倒立。倒立其实并不难，在做好保护的情况下每个人都可以做到。

其次，新员工学会倒立以后，自然就走出了舒适区，同时，这个活动也让新员工和主管从陌生变得熟悉，因此安全感也增加了。

渐渐地，大家在工作累了、讨论陷入泥沼的时候，都会不自觉地去做一下倒立，倒立时看见的世界的确非常不同。大家慢慢接受了“看世界的角度不止一个，换个角度也许有不同的发现”。

文化就是这样潜移默化地带来了思维模式的改变。淘宝团队的成员最后都学会了“倒立思维”：在讨论业务、寻找解决方案的时候，会习惯性“反过来想一下”或者“如果我是竞争对手，我会怎么想，怎么做”。这逐渐变成了淘宝特有的思维模式，这种思维模式在遇到复杂问题的时候，往往会发挥意想不到的作用。

比如淘宝创立之初，困扰我们的情况是：骗子在淘宝上开店，然后发布价格很低的商品（以手机为主），欺骗消费者成交。为此，淘宝特地招了几十名信息安全人员重点检查商品信息，对可疑的商品进行删除，展开了一场旷日持久的“猫鼠游戏”。

淘宝采用人工审查商品信息的时候，骗子就在周末和凌晨发布商品。后来骗子利用机器发布商品信息。由于信息数量巨大，人工审查无法完成，于是淘宝就采取了对手机类目商品异常价格的限制，骗子就用各种方法尝试出限价的价格，用非常接近的价格发布商品。淘宝确认了骗子 ID，限制他们发布商品后，骗子就伪装 IP 地址断续注册继续发布……每一次淘宝找到防守的方法后，不久就会被破解，整个团队都很沮丧。

在淘宝，当讨论陷入胶着的时候，大家通常会去倒立，这次也不例外。倒着倒着就有人提出：“我们总是讨论如何删除骗子发布的商品，为什么不反过来想一想在什么情况下骗子就不再发布商品了呢？”

于是，大家就反过来在这个路径上寻找解决方案：从“如果发布了也没有人上当，那就不会发布了”到“骗子以为自己发布成功了，但实际上他发布的商品信息没有人看见，也就不会有人上当了”，再到“如果可以准确定位骗子的 ID，让他认为自己成功发布了商品，但是消费者看不见他发布的商品，这样他就不再发布了”……

于是“小黑屋”功能研发上线，在防止用户上当受骗方面起到了很大的作用，让骗子以为淘宝的生意不好，逐渐放弃了这种诈骗方式。

倒立文化在淘宝的发展过程中，带来的创新不计其数，解决了很多复杂的问题，逐渐成为淘宝人的特质之一。

员工的思维模式和绩效考核也密切相关，在企业文化方面的体现就是，有狼性的绩效奖励，就会有狼性的团队，也会有狼性的思维模式和行为模式。文化最终会变成业务的土壤，既可以让业务强壮，也可以让业务营养不良，因为文化与很多因素有关。

找出文化的导向，然后将“虚”的文化做“实”，才能够让组织爆发巨大的能量。在这个过程中，文化的传导也是非常重要的一环，要求我们不拘一格创造传导的方式。

例如，阿里巴巴厕所隔间的门上都会有“宣传位”（见图 9-1）。它来自公司文化和业务发展传导的需要：每个部门最近发生的变化、业务的进展、公司的方向……很多事情需要透明，让员工了解。我们最初采用的方式是使用群发邮件，那时候工作沟通最重要的工具是邮件，群发邮件发多了会干扰员工工作，也会被忽略。后来我们就讨论有没有什么更有效的方式，结果就发现了每天上班大家都要去的地方——厕所，并且这个地方也没有什么干扰。当这个位置被开发出来以后，非常受欢迎，供不应求，以至于最后行政部门还做了一套排期系统，把每个位置都管理起来，合理利用。

图 9-1 阿里巴巴厕所隔间门上的宣传语

有一段时间，如果你去支付宝，会发现厕所隔间里还多了一块附有纸、笔的手写板，专门供大家吐槽用。这是为了了解团队的情况而设立的匿名吐槽板。你可以把它想象成我们小时候常见的、写了很多字的厕所墙，因为厕所是宣泄负面情绪的一个好地方。除了让大家宣泄，HR 还会定期搜集这些吐槽，定期看看里面是不是藏着可以改进的地方。

这些招式说出来都不是很高大上，但我们的目的是解决问题，因此方法简单实用即可。**最有价值的并不是招式本身，而是招式背后的思考。**这些都来自对人的关注，关键是要找出适合我们企业的方式。不管这样的方式是高大上还是很土，管用的就是最好的。

价值观对业务的影响

管理也有阴阳两面，阳面是规则体系，阴面是文化在企业中流淌。员工的思维模式是二者共同作用的结果。

当公司具有明确的价值选择或者行为准则，并且被核心团队身体力行、被员工所遵循时，会深深影响业务的决策。

有一年，我去参加一个高级管理者对谈，搜索方面的一位专家表达了他的困惑。他说经他改进的搜索引擎的算法，可以把自然搜索结果的 CTR（Click-through-rate，点击率）提高很多，但是同时会让搜索页面边栏的 P4P（Pay for performance，效果广告形式）广告的点击量下降，从而影响公司的收入。所以他很困惑，是否要实施这个改进。

当时，互联网的发展处于 PC 互联网时代，淘宝的主要收入来自搜索结果页的边栏 P4P 广告（见图 9-2）。自然搜索和 P4P 广告这两个产品是互相冲突的——一个页面展示的商品是有限的，客户点击了自然搜索的商品就不会点击 P4P 的广告商品，当自然搜索呈现的结果不好，P4P 的点击量增加，会带来收入的增加。当自然搜索的结果比 P4P 的结果好时，P4P 的点击量减少，收入就会减少。

这可能是搜索产品商业化时遇到的最大难题，也就是如何平衡客户体验和收入的问题。即便阿里巴巴是具有鲜明价值观的公司，依然不能保证过程中完全不出问题：开始的时候，广告部门想要更多位置，然后为了提高 CTR，在 P4P 展示的图片上加外框，给标题加粗……最后还出现了 P4P 的图片比自然搜索的图片多 1 像素这样肉眼并不能识别，但是也可以增加收入的“创举”。但将这些做法放在价值观和客户价值的层面进行评估后，我们最终阻止了这些做法。

图 9-2　淘宝搜索页面示意

搜索团队作为员工考虑公司收入也是理所应当，所以大家就犹豫是否要上线。这样的机会就是对价值观最好的讨论机会，于是我们开始讨论应该怎么办。后来大家的结论是：客户第一，既然能够提升客户体验，那么算法是一定要上线的。这个算法的改进经验可以分享给广告（P4P）团队，并且帮助广告团队根据他们的产品库中的产品构成升级算法，一起改善用户体验。

价值观让我们在面对客户的时候能够做出一致的选择，同时也令内部存在竞争关系的团队变成合作关系，一起服务客户。两个产品存在冲突的团队，在价值观的指导下更容易建立共识，各自改善产品体验并且可以分享这种变竞争为合作的经验。

客户体验和收入之间的冲突是日常经营活动中要面对的最纠结的问题，内部团队之间的竞争也会令部门之间产生隔阂，甚至出现互相遏制的局面。在这种尖锐的问题面前，达成共识的价值选择是保证团队既能竞争又能合作的基础。这也是价值观对业务的重大影响。

价值观（价值选择）能够保证实现目标的过程、手段是正确的、长期的，没有共识的价值选择的公司，以及价值选择不被落实的公司，很容易被短期收入牵制，无法得到长远的发展。

战略大图少不了人才与文化

当我们完成人才战略和文化计划之后，可以将这部分添加到战略大图上，成为战略的组织保障部分。

下面以沃尔玛的完整战略图为例进行说明（见图 9-3）。

顾客满意度高
高利润
降低
广告成本
高士气
员工入股
低离职率
每日低价
政策
全面降低
运营成本
大量采购
降低成本
组织文化
当地员工
降低
配送成本
降低
存货成本
降低租金
降低
人事成本
强大资讯系统
配销中心
后勤系统
乡村包围
城市
降低存储
空间需求
降低最小
经济规模
产品以
快流通为主

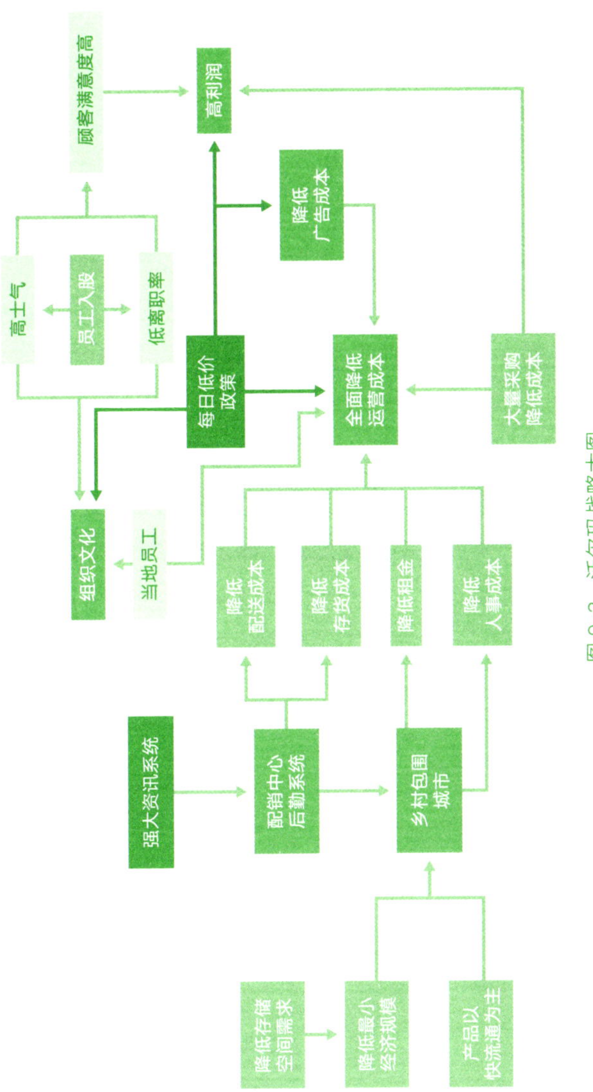

图 9-3 沃尔玛战略大图

为了保障“每日低价”，沃尔玛在人和组织方面做了几件事：招聘当地员工，降低人力成本；为了保持员工的高士气和降低离职率，采取让当地员工入股的方式。这些举措都最终提高了客户的满意度。

星巴克也有类似的做法：为了保障“第三度空间”和“咖啡体验”的客户价值构建，星巴克在组织保障上的做法是招聘全职人员，不雇用兼职员工，并且给员工很好的福利待遇和培训，也让员工有股票的选择权以便增加员工的认同感和责任感，降低员工的流动率（见图 9-4）。

当我们把人、组织能力、绩效方案和文化构建拼回战略大图以后，也要随着战略年度规划，制定这方面的年度规划，以便支撑战略的执行。

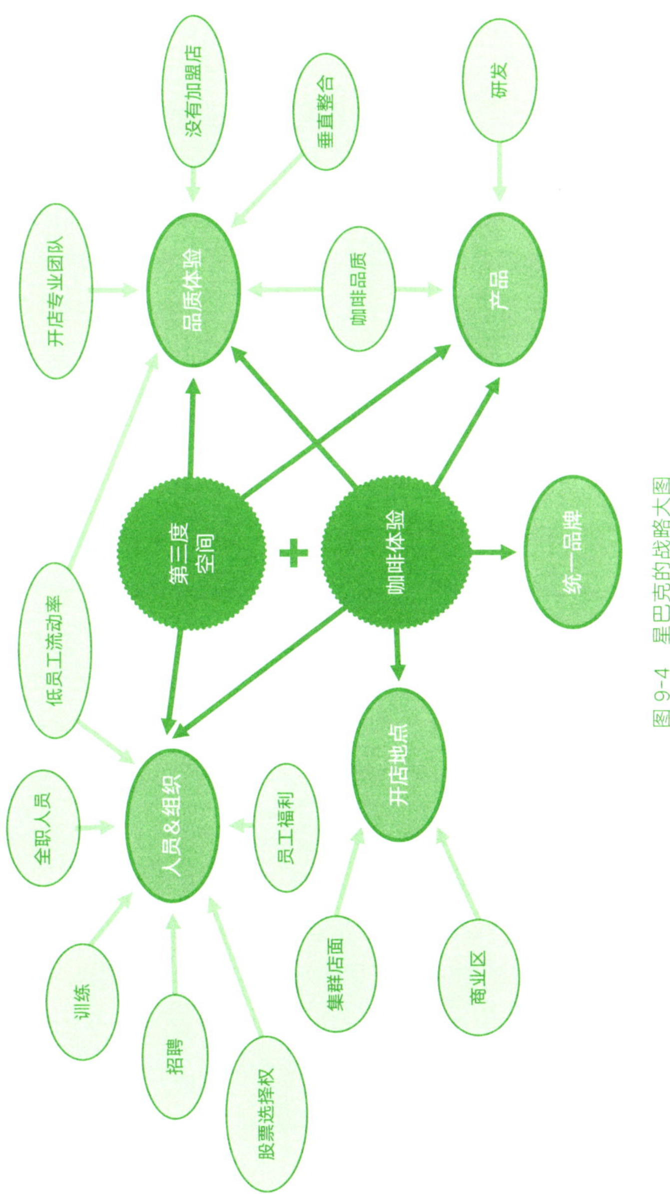

图 9-4 星巴克的战略大图

阿里巴巴价值观演进

阿里巴巴的价值观是怎么来的？为什么是这样的？为什么要发生变化？它和业务发展是什么关系？

我是 2004 年加入淘宝的，经历了阿里巴巴价值观的三次变化（见图 9-5）。

从 2001 年开始，阿里巴巴的价值观逐渐明确。当时的业务是比较单一的 B2B，阿里巴巴已经找到了业务模式，开始建立基本的销售体系。B2B 业务在战略方面的尝试和发展期结束，到了成熟期。业务需要迅速拓展，团队开始壮大，但是阿里巴巴在人才市场上的竞争力尚未建立，这时候非常需要执行力，所以统一的价值选择标准应运而生。

那个时候，阿里巴巴会提供中国供应商这个服务，遇到的典型事件是商家找销售要回扣。所以“诚信这个底线要不要守”这一问题就摆在了大家面前。我们讨论了很久，达成的共识是坚决守住诚信的底线，不能给回扣。然后大家想了很多办法，比如直接找老板普及互联网和中国供应商这个服务所带来的好处等，这样既可以守住底线，又能发展业务模式。

图 9-5 阿里巴巴价值观演进历程

就是在那个阶段，大家把共识变成了统一、明确的价值选择、行为规范，以保证阿里巴巴长远的发展。这就是价值观所起的作用。

2003 年，淘宝成立。淘宝完全遵循 B2B 的绩效考核方式。这时，2B 业务形态看重的执行文化无法涵盖和适应 2C 形态下看重的创新文化。另外，这两个业务的人员构成也有很大的差别。负责淘宝业务的是年轻的团队，其成员的平均年龄为 25 岁，采用的是互联网产品和运营驱动的业务模式，而负责阿里巴巴 2B 业务的销售团队，其成员的平均年龄偏大，采用的是销售驱动的业务模式。

阿里巴巴 2001 版的价值观还有另外一个实质性问题，那就是价值观有 9 条之多，要想被清晰地记住有一定难度。我们觉得记得住是做得到的基础，9 条还是太多了，需要精简。

所以 2004 年阿里巴巴的价值观从“独孤九剑”变成了“六脉神剑”，并且将其内容按公司、团队、个人三个层面进行区分，让大家更容易记得和理解，为践行打下很好的基础。这时候的价值观内容减少了，但考核方式并没有变化，整体绩效指标还是业绩和价值观各占 50%。

阿里巴巴的业务一直发展到 2013 年，一生二，二生三，蚂蚁金服、阿里云、菜鸟等很多的新业务也在逐步发展、壮大。经过 14 年的发展，阿里巴巴在组织系统的建设上也已经比较完善了，比如说人才方面，既有类似 360 度评价的工具，也有每年一次的人才盘点，人才体系非常健全。绩效不再是评价人才的唯一标准，可以参考的维度越来越多。

每个管理者管理的团队也越来越大，员工的专业化和职业化程度越来越高。以往每个季度进行的绩效谈话，花费的时间太多，不再适用于成熟的公司和团队。还有一个重要的原因就是价值观已经推行了 14 年，大家的理解也越来越深刻，已经融入了工作之中。所以 2013 年，我们对价值观和考核体系进行了松绑，主要体现为价值观考核方式的简化，不再是以前那种一条一条过关的考核方式。

2019 年以后，国际化是阿里巴巴的重要战略之一。在国际化的过程中，文化的包容性受到很大的挑战，比如“激情”，以前就被直接翻译成 passion。但对于文化背景不同的员工，尤其是欧洲人，这个词的含义就不太好理解，甚至会产生误解。

2019 年，阿里巴巴成立 20 周年，我们在这个时间再一次启动了对使命、愿景、价值观的复盘。20 年时间，阿里巴巴从一个单体公司走向一个集团公司，再走向一个生态和经济体的时候，价值观承载的功能也不一样了，它需要帮助更多人理解文化从哪里来，通过文化凝聚来自世界各地的阿里人，因此包容和传承是重要的任务，所以就有了阿里巴巴 2019 版的价值观，也就是“新六脉神剑”（见图 9-6）。

价值观（价值选择）的内容也与当时企业所处的环境、企业的战略息息相关。

因此，阿里巴巴价值观在内容上也有很大的变化，每一次确定的内容都与当时的环境、挑战、战略相关。阿里巴巴价值观的改变是真正的虚事实做、解决现实问题的例子。

例如，“独孤九剑”的内容里出现了“教学相长”，原因是那时候 B2B 在人才市场上并没有很强的吸引力，所以需要用内部培训去补上人才的短板，倡导内部分享、共同成长。

“独孤九剑”的内容中还出现了“专注”“质量”等比较常见的职业素养方面的要求，原因也是和“平凡人”有关。那时加入阿里的人相对缺乏职业素养，因此公司才会需要倡导这些。价值观作为企业文化的底色，并不是空穴来风，是和当时人才、组织的状况紧密相关的，是要通过价值观的倡导去解决现实问题的。

2004 版的价值观，保留了“团队合作”，增加了“拥抱变化”。因为淘宝业务的加入，让阿里巴巴的形态更加接近互联网公司，而互联网的特点就是日新月异、不断变化。

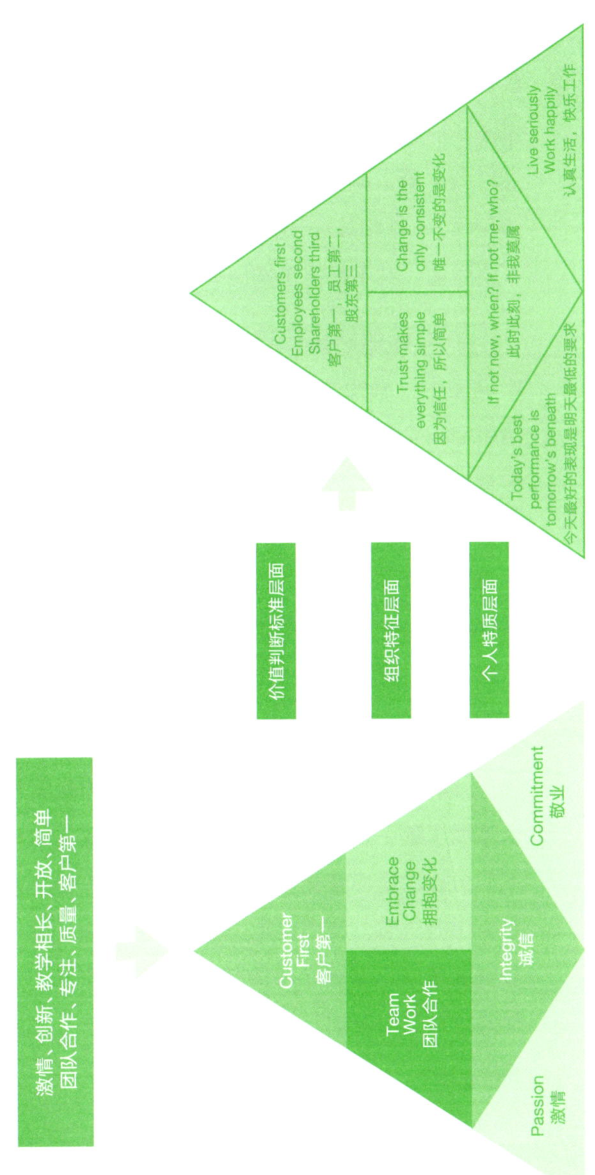

图 9-6 阿里巴巴价值观的内容变迁

淘宝是做平台的，“诚信”也是淘宝非常重要的底线，必须坚守，所以诚信也被保留了。“敬业”是从“质量”和“专注”发展而来的，它涵盖得更加广泛，所以就替代了质量和专注。价值观的内容体现了 CEO 和核心团队倡导的方向，它是自上而下产生的，并不是员工选出来的。

2019 版的阿里巴巴价值观，因为想要传承，所以使用了流传在公司的“阿里老话”。每一句老话来自一个创业期间的故事，让价值观变得生动易于理解。比如，“客户第一”，变成了“客户第一，员工第二，股东第三”，它来自 2007 年 B2B 业务在香港上市时对客户、员工和股东之间关系的诠释：客户第一是公司的价值选择，员工成长了才能为客户提供更好的服务，最后股东的利益才能得到保障。

“拥抱变化”演化成了“唯一不变的是变化”，也体现了数字经济时代变化之快和今天的阿里巴巴不能再被动适应变化，而是正视变化，并且主动拥抱变化的心态。我们也用“今天最好的表现是明天最低的要求”替代了“激情”，告诉大家我们是一家追求卓越的公司，不断超越自己才是我们前行的要求。

这些价值观的变化，整个合伙人团队花了半年时间去讨论。在阿里巴巴，使命、愿景、价值观确实是引领战略的。

关于使命，我们讨论了很久，决定不改变。愿景是有一些变化的，在“要做 102 年的公司”中加了一个定语“好公司”——我们不追求大，但是要追求好，这个变化非常重要。什么是好公司呢？好公司不一定要大，但是它一定是会对社会做出贡献的公司，是承担社会责任的公司。

阿里巴巴每一次价值观的变迁，都是在面对当下和战略执行过程中的问题，虚的事情一旦做实，文化所带来的员工思维的变化就会极具爆发力。

接受晃动，拒绝平庸

射击是我在大学时期学习的一门很重要的课程。我们学校射击课的成绩分布很有意思，一般来说，女生比男生的成绩好。

我们的射击教练张红是一个很不起眼的老者，但传说他曾经得过射击的世界冠军。他在刚开始的时候就说："你们要放弃一定能瞄准准星这个念头，因为地球在动，也会有风，你们的手臂不可能完全静止，所以你们要先接受不可能百分之百瞄得准这个现实。"

这个说法男生们自然是不信的，没有绝

对静止，还有相对静止呢，反正年轻，手臂有力量，可以追求相对静止。女生呢，手臂的力量不够，举着 54 式手枪不到两分钟整个手臂就开始发抖了，所以就不得不接受了瞄不准这种状态。

张红教练告诉我们的第二件事情是如何打到 10 环。他说："你既然瞄不准，就要学会在晃动中寻找方向。在晃动中用眼睛是找不到发枪点的，你需要静下心来，感受自己的呼吸，感受手臂的晃动，心、眼、手合一找到发枪点，然后果断而平静地扣动扳机。心、眼、手合一是要感受晃动的范围，因为盯得太死会失焦。而学会放松，是因为扣动扳机的时候过于用力也会让方向偏离。"

射击这件事最终变得很难也很简单，能够用直觉、感觉，接受晃动才可能体验心、眼、手的合一，才可能打到 10 环。而太过于追求 10 环的时候，往往是不可能打到 10 环的。

我们在做战略和执行战略的过程中也一样，先要接受晃动，接受战略肯定不能做到完美、精确，然后在行进过程中不断修正方向、路径，在人事合一的基础上逐渐接近目标。

战略是生长出来的，能够长成什么样除了和种子有关，还与环境有关，是一个互相作用的系统。**心中有使命，眼中有未来，手中有方向，在晃动中寻求心、眼、手合一才能命中靶心。**

接受晃动并不是允许战略不清晰或者接受似是而非。我很喜欢吉姆·柯林斯（Jim Collins）在《从优秀到卓越》（*Good to Great*）中说的一句话："优秀是卓越的大敌。"从战略到执行的过程中，我们不断追问"客户价值"，不断寻找真正的客户价值，并将它执行到位，就是去往卓越的过程。

但事实上，无论在实际工作之中还是在湖畔创研中心的课堂上，我们常常看到的却是很多曾经优秀的公司或者很多来自优秀公司的同学在讲述一些似是而非的"客户价值"，当然也有很多"拿着锤子找钉子"的情形，甚至是用互联网"黑话"组成的晦涩难懂的语言来描述"高深"的战略。

但是，我们寻找的"客户价值"必须是明确清晰的、能够被客户感知的真正价值，也是在战略的执行过程中需要被不断加强的价值。它在市场上必须是"刀刀见血"的尖锐，而不是似是而非的自我满足或者"骗骗客户"。这种战略甚至都称不上是战略。

有一天，我偶然遇到一位前同事。他去了一家刚刚上市的优秀的公司做电商。他用高大上的语言描述了所做的事情以后，我充满了疑惑。我问他："你们这么做能提供什么客户价值呢？客户会怎么想呢？他们真的需要这些吗？"他对我说："客户怎么想不重要，我们不这么做的话，部门就没有存在的价值了。"

这样的事情可能会发生在很多公司，用似是而非、高大上的战略以及表面上的忙碌去掩盖战略上的迷茫和平庸。

优秀并不是一个稳定的状态，要么去往卓越，要么去往平庸。拒绝平庸也许就是通往卓越的第一步。放下过往的成功，不断更新迭代，才是我们能够不断生长的法则。

阿里 18 年，
一切都是偶然中的必然

起心动念写《生长：从战略到执行》这本书源于曾鸣教授想要我写淘宝的案例。

2020 年年初的时候，为了写淘宝案例，湖畔创研中心派了两位同学跟我聊淘宝的发展历程，走的时候他们得出一个结论：“淘宝能做到今天跟你有关系。”我说：“有什么关系呢？我只是其中的一员，最多就是比较重要的一员而已。”他们说：“你看，你从 2004 年到 2019 年年底，在淘宝上用支付宝花了几百万元，最高的一单是 30 多万

元，全家的购物需求几乎都是在淘宝上解决的。我说："淘宝的 GMV 就靠我一个人这么拉动就成功了，这是不对的。"他们说："我们从你这里看到了你怎么去带一个团队。"我还是不太明白，后来他们问我说："'语嫣'，你为什么要买？"我说："我要是不逐个类目地去买，我怎么知道东西好不好、品类够不够多、购买流程顺不顺畅、售后保障足不足够。"

他们说："对，这也许就是关键——每一个员工都站在客户的角度去思考问题，'客户第一'这件事就不再是挂在墙上的东西，而是每一个人都要去身体力行的东西。"

聊到这里时，我突然想起一个故事。2006 年我负责淘宝的运营，有一天团队的一位同学来找我说："语嫣，我们很想向消费者推荐淘宝网站上的欧米茄手表，同一型号的手表在百货公司的售价是 27 000 元，而淘宝上的售价是 9 000 元，这是一个绝对有价格优势的产品，但我们不知道是真是假，怎么办？"我说："别急，我来买一块吧。"

后来我就以个人名义在淘宝上买了一块欧米茄手表。当时我也很想买一块名表，就是太贵一直没有下定决心，正好借此机会给了自己一个消费的理由。卖家从日本把手表寄过来以后，我们把它拿到百货商场去做了鉴定，鉴定结果为正品。有了这个前提以后，我们又去问卖家："手表的价格为什么这么低，是国内售价的 1/3？卖家说斯沃琪集团的产品在日本价格很低，从浪琴到欧米茄都是如此。这样我们才知道，地区差价居然这么大，随后就开始在网站上推荐这个产品。这大概算是代购的雏形吧。

讨论到这里，我感觉豁然开朗。淘宝一路走来，所有的战略都是围绕一个核心展开的，那就是客户价值。所有执行都是关于如何向客户提供（递送）客户价值，让他们能实实在在地感受到这些价值。当这些价值被客户真正认可以后，就会形成客户的正反馈，进而让我们这些小二（员工）感受到自己工作的价值，让我们愿意付出更多的思考、努力，从而更好地站在客户的角度去思考问题。把客户放在第一位，以为客户创造价值来作业务判断，慢慢地就形成了客户和淘宝以及在淘宝工作的小二之间的能量正循环。这应该就是淘宝早期可以战胜 eBay 的秘密武器，也是可以迅速发展的必杀技。

当仔细回忆每一个关键时刻和每天忙碌的运营日常工作时，我都觉得那是理性和感性交织的时刻：感性是我们怎样感受用户；理性是我们怎样思考，怎么将这些感性的感受提炼成客户价值，又怎么把客户价值变成客户可以感受的产品、服务，递送到客户那里……

然而，新冠肺炎疫情来得猝不及防。

被关在家里的那段时间，是我十几年来唯一一次可以拿出整块的时间集中进行回顾、总结的日子。我开始一遍一遍地回顾这十几年时间淘宝从战略到执行的过程，还发了很多问题与湖畔创研中心的同学一起讨论，不断发现其中有价值的东西。

疫情缓解以后，淘宝的案例逐渐发展成“战略到执行”工作坊，从 2020 年 6 月开始在湖畔创研中心陆续进行了 7 次，每次持续的时间是 3 天，每次我们和 5 到 6 家公司的高管团队一起，将总结的方法论分享给他们，帮助他们面对并思考自己的真实战略问题。

这个工作坊开课时，不断有 CEO 要求加塞上课，还出现过 CEO 带着高管团队堵门蹭课的情况。这些都让我认识到我的这些经验也许有一点用处，那就写一本书分享给更多人吧。

写这本书的过程让我常常回忆起在淘宝工作的第一年。当时创业的压力巨大，同事们就常常通过畅想“如果淘宝做成了，我们要……”来舒缓压力，有人说要买 7 辆不同颜色的奇瑞 QQ 汽车，每天换着开，一周不重色；有人想买一屋子烟斗，慢慢玩；有人要周游世界……我说我要在夏威夷的海边，坐着摇椅慢慢写中国版的《完美商店》。

那时候大家说出这些愿望，多半是乐观个性使然，目的是为自己打气。但没有想到，淘宝真的一天一天长到无比巨大，我们的愿望也变得容易实现了。

我没想到自己居然会在加入阿里巴巴的第 17 个年头完成了本书的写作，虽然没能在夏威夷的海边写作，但也没什么好遗憾的。在整个过程中，创业的点点滴滴不断浮现，我觉得自己依然没有老去，依然对世界充满好奇，依然想要做一棵不断生长的树。

我没有写日记的习惯，可能是因为太忙，没有太多时间去记录。即便如此，电脑中还是散落着一些文字，我从中摘取几个片段，献给过往的岁月。

2004 淘宝最初的日子

“财神”的掌上电脑

面试时注意到“财神”放了一个巨大的东西在桌子上，我们说话时，上面的小灯一闪一闪的，“莫非他要把面试过程录下了，回去研究。那我还是小心为妙……”

后来才知道，那个东西是“财神”的掌上电脑——除了打电话功能时好时坏，其他功能很强大。

三八妇女节的新人

通常，人们在换工作的间隙会选择休息几天，但是我深深感觉到淘宝急于用人，所以从上海回到杭州只休息了一个周末，星期一就直接去上班了。

来淘宝报到的日子是三八妇女节……

巨大的网吧

按照蓝凤凰给的地址找到了华星科技大厦，根据上海的大厦标准，我推测这个大厦基本上属于商住两用的。等了好久电梯还没有来，于是我径直爬楼梯上了二楼……

我看到的是几十个人密密麻麻挤坐在一间 200 多平方米的房间里。我心想："这就是网络公司啊！就像一间条件非常一般的网吧。"

但每一个人都那么年轻，脸上都闪耀着创业时独有的光彩……

我顿时觉得自己很年轻且充满了力量："一定不可以叫'财神'推荐的花名'闵柔'，这样不就暴露了自己妈妈级别的年龄吗？还是叫'语嫣'吧，什么都知道一点，但是对网络和技术一点都不熟悉，就像不会武功却对武功秘籍了如指掌一样。这样比较合适。"

最初的忙乱

本来我有一个月的时间和"乔峰"交接工作，但哪知道这家伙一头扎进运营工作中就不管我了。我看看淘宝的目标，发现有好多好多的事情没有做，有好多好多的事情可以做，要是一天有 240 小时就好了，或者能像孙悟空一样可以有 *N* 个分身就好了……

淘宝的兄弟姐妹

习惯了以前公司的一本正经，对于一会儿鼓掌欢呼，一会儿喝可乐庆祝，还有从小宝那里时不时传来的《新鸳鸯蝴蝶梦》，我还真有一点不适应了，但慢慢就习惯了——习惯了坐在我后面的美女建宁、朱聪爸爸、旁边的小昭美女、对面的破破和无忌；习惯了和别人分享一点点的进步；习惯了淘宝慢慢成为生命中和女儿一样重要的“另一个女儿”，也习惯了和淘宝的兄弟姐妹一起欢呼、流泪……

这样的同事关系真的像兄弟姐妹。在大多数公司，很多人都是“公私分明”的。在淘宝，同事之间的关系更类似于同学关系。

新人秀

这是一家什么样的公司，居然要新人秀？！

出差回来后，“财神”神秘兮兮地要我参加一个神秘会议。那时，二楼的会议室太小了，我们是借外面的教室开的。我没想到这个神秘的会议竟然是新人秀！

会上，新人被要求上台“秀”，如果台下的“观众”不满意，新人就不能下来。这对于可能是当时淘宝最年长的我，确实非常唐突。做完自我介绍要展示绝活。由于前期炒作成功，“杨过”最终不敢上来，还是“丁典”比较愿意牺牲自己，结果没有站稳就被我摔在了地上……

非常感谢“丁典”的牺牲精神，以及没有要求再摔一次。我就只会一招。后来我曾梦见自己在一个陌生的地方，忽然看见了“丁典”，顿时就像看见了亲人一样。再次代表所有新人感谢“丁典”在新人秀上的牺牲精神。

第一个任务——超过易趣

这是一个不可能完成的任务！

淘宝当时是一个什么样的网站？会员满打满算 40 万，排名 80 多，而 eBay 易趣排名第 20 位。

两个网站的排名图标就贴在我工位旁边的墙上，它们之间的差距好大。我每天都要等到晚上 11 点以后 Alexa 更新完排名才去睡觉。后来我的家人都非常熟悉 Alexa 的查询流程了。

煎熬的 4 个月，超过易趣那天晚上，旺旺上欢呼阵阵。那是一个不眠之夜，我们终于明白在淘宝，没有什么是不可能的。

我开始告诉自己，要相信我们 CEO 的远见，一切看起来不可能的任务最终都会实现，包括 2005 年的年度目标。

阿里 5 岁，淘宝 1 岁，不到 2 岁，打败 eBay

女儿被邀请参加了阿里巴巴 5 周年的庆典，成果是学会了唱《真心英雄》《我们是一家人》，当场记住了淘宝的队呼——阿里 5 岁，淘宝 1 岁，不到 2 岁，打败 eBay！

第二天，我到幼儿园接女儿，发现她已经教会了所有同学说这句话。

如果 2005 年不打败 eBay，我真的辜负了生命中最重要的两个人——女儿和淘宝！

粗略记录这些内容是为年老以后在夏威夷别墅里，坐着摇椅写中国版《完美商店》提供原始素材。

写于农历 2004 年倒数第二天

2008的偶然与必然

在阿里巴巴，做过老师的人很多，但当过警察的不多，既做过老师又当过警察的估计只有我一个了，而且我还是一名女警察。

我总是说很多的偶然造就了今天的我。

高考填报志愿时，我父亲偶然遇到了在招生办工作的朋友，对方给了我父亲一张军校、公安院校的志愿表。我父亲当时的想法是，反正填了也没有损失，多填总比少填好。于是17岁的我就听从父亲的建议，根据学校名称填报了几所公安院校（基本是按照地区填报的，北京是首选）。更偶然的是，那一年公安院校是定向招生的，在杭州不招，在嘉兴招。但是嘉兴报名的女生情况不太理想，要么成绩不合格，要么身体素质不过关，结果这些院校只好在全省范围内重新招生。我的条件全部合格，于是被中国人民公安大学录取了。但与此同时，我的建筑师梦想破灭了。

当警察其实挺不错的，但是毕业后我被分配去做了老师，这也算符合我的性格。不过，我有一次穿花裤子被校长发现了，从此不得安宁，所以我就动了离开的念头。我偶然看见一家广告公司的招聘广告写得很好，就写了一封洋洋洒洒的信（那时候根本不知道简历是何物），结果被录取了，从此离开公安系统。

广告做得不过瘾，就开始尝试做营销。由于觉得基础不扎实，我就去读了商业经济专业的研究生，其间还生下了我女儿。我给女儿做胎教的素材是会计学。不过我至今没有发现胎教的影响在哪里，但愿以后可以发现。言归正传，之后我开始在上海从事营销和品牌咨询工作。对于背井离乡我倒也没有太感伤，但有一天离开杭州的时候，女儿抱着我不放，这让我最终决定要回到杭州。进入淘宝也是偶然——在杭州比较难找到合适的工作，正好有朋友推荐了淘宝，我也就抱着试试的心态开始了自己的淘宝生涯，从市场到运营，陪伴淘宝走过 4 个年头，与它一起成长。

记得 1999 年我研究生毕业、女儿满 10 个月的时候，我开始找工作。偶然看见了阿里巴巴的招聘广告，我当时觉得这个名字非常特别，于是动了去应聘的念头。但是又观察了一下公司的地点，发现是一处住宅——湖畔花园，顿时就没了兴趣，与阿里擦肩而过。

刚来淘宝的时候，有朋友曾经断言：“以你这直来直去的性格，你在这里的工作时间不会超过两年。”现在看来，这个朋友很了解我，但是他并不了解阿里巴巴的文化，不知道这里聚集了一批直来直去“很傻很天真”的同类，所以 4 年也许只是一个开始……

人生就是这样，很多偶然造就必然——该来的一定会来，该遇到的一定会遇到，这才是偶然中的必然。

写于入职 4 周年
2008 年 3 月 8 日

2021 的静帆悠远

2021 年 4 月 26 日，从湖畔合伙人荣誉退休，成为阿里巴巴荣誉顾问。荣退仪式上，我将改写的泰戈尔《吉檀迦利》里面的一首小诗献给阿里巴巴和我的 18 年岁月。

静帆悠远

你曾使我认识生命永无止境
这是你如许的欢喜

曾经易碎的容器
我们使之永恒
并一次次清空后
又总是以鲜活的生命注满

犹如这苇短笛
你携它越过山陵与溪谷
并从芦秆里吹出永新的旋律

无数次稚嫩的双手并肩于众人的种植

我幼小的心灵脱缰于喜悦之中

也曾语出惊人

而今初茧来临

你无尽的赐予

只倾注于我这双疲惫而欢欣的手之上

岁月荏苒

愿你依然奔腾不止

而我要面对静帆悠远

但我们并未远离

……

致　谢

《生长：从战略到执行》这本书的完成需要感谢很多人。

首先要感谢马云老师、曾鸣教授。没有马老师的带领和宽容，就不会有今天的我。曾鸣教授的《战略概论》课程开启了我的系统战略思考之路。从 2005 年我们相识到后来成为同事，每一次大的战略会都有你的陪伴，每当业务遇到困惑的时候，我总会循着《战略概论》的框架，回到客户价值的原点去思考。捋不清楚思路的时候，找你讨论，总能不断得到灵感、启发……系统战略思考这个框架虽然简单，于我就像是定海神针一般，确保我可以从容面对复杂和千头万绪的业务。

“战略到执行”工作坊是本书写作的起因，没有持续开展的工作坊我绝不会这么早、这么快把自己逼上这段艰难的旅程。

所以，我还要特别感谢在“战略到执行”工作坊并肩前行的小伙伴们。课程制作赵婷婷，没有你的认真、执着，就没有不断更新的内容。从工作坊开始到现在一直陪伴着我也见证了本书“生长”的最可爱、最温暖的助教和伙伴，他们是：朱亮、朱雨晨、余向海、时国杰（段誉）、李研珠（胡斐）、涂灵策（道一）、蔡松（Neo）、庄呈笛（Chandee）、赵丽娅、张凯、金雪、尹东平（Doreen）、刘强（Dan）、龚勇谋、肖健超、范承先、胡玲、王静理（飞霜）。每一次工作坊从开始的准备、访谈到结束后的复盘，以及直到本书的写作过程，你们都给了我很多的反馈和鼓励，从 2020 年 6 月开始到现在，我们一直都在探寻未知的旅程中，互相见证彼此的成长。

另外，我最需要感谢的是在与我共创“战略到执行”工作坊的 38 位 CEO 和他们的高管团队（排名不分先后）：徐灏（Camera360）、赵翼（鲸交所）、邢玮（怡途数科）、许单单（拉勾网）、张邦鑫（好未来）、赵鸿飞（中科创达）、张锐（时趣互动）、程杭（虎扑体育）、陈海斌（迪安诊断）、陈丹霞（朝云集团）、俞德超（信达生物）、李懿（如果新能源）、王鹏（思念集团）、林凡（脉脉）、耿乐（淡蓝网）、汉雨生（燃石医学）、赖民杰（春风动力）、贾伟（洛可可）、杨晖（唯众传媒）、肖尚略（云集）、陶石泉（江小白）、吴兴杰（奥普家居）、徐正（每日优鲜）、苏峻（智米科技）、张世伟（凯京科技）、李丹阳（年糕妈妈）、胡彦斌（纽班文化）、俞哲（婚礼纪）、刘舒婷（超级猩猩）、李华敏（时代天使）、竺兆江（传音控股）、李来斌（水星家纺）、潘江雪（真爱梦想）、娄楠石（气味图书馆）、马瑞敏（地素时尚）、沈鹏（水滴公司）、苏伟杰（诸葛找房）、何虹（小皮 Little Freddie）。没有你们的信任和鼓励，就不会有这本小书的诞生。

从“战略到执行”工作坊的内容研发、多次开课，到《生长：从战略到执行》这本小书的完成，对我来说是一次次对过往的总结和告别，也是从实际工作经验中提取共性经验分享给创业者的过程。记得 2020 年 6 月，我们的工作坊第一次开课，阔别讲台多年，再一次站在讲台上我是惴惴不安的，不知道这些内容对创业者有没有价值。是你们的鼓励和认可给我了一次次开课的信心，也给了我在 2020 年年底从国外回国后的隔离期间开始写作本书的勇气。2021 年随着“战略到执行”的工作坊的开展，本书的初稿也不断得以完善。每次课程都是我们互相照亮的过程，给我很多新的启发和发现，因此这本书从初稿到成稿经历了 5 次修改。

在这个过程中，我最大的收获是明白了横亘在实战经验和写作者之间最大的障碍是“我不知道你不知道”，没有你们的坦诚沟通、分享，我就没有机会学到如何接纳别人的不同，并且学习不同。这段经历也开启了我人生中的下一段旅程，我将带着你们给予我的这些无法衡量的财富重新上路。

感恩所有的遇见!

语嫣（张宇）
2021 年 11 月 29 日

未来，属于终身学习者

我这辈子遇到的聪明人（来自各行各业的聪明人）没有不每天阅读的——没有，一个都没有。巴菲特读书之多，我读书之多，可能会让你感到吃惊。孩子们都笑话我。他们觉得我是一本长了两条腿的书。

——查理·芒格

互联网改变了信息连接的方式；指数型技术在迅速颠覆着现有的商业世界；人工智能已经开始抢占人类的工作岗位……

未来，到底需要什么样的人才？

改变命运唯一的策略是你要变成终身学习者。未来世界将不再需要单一的技能型人才，而是需要具备完善的知识结构、极强逻辑思考力和高感知力的复合型人才。优秀的人往往通过阅读建立足够强大的抽象思维能力，获得异于众人的思考和整合能力。未来，将属于终身学习者！而阅读必定和终身学习形影不离。

很多人读书，追求的是干货，寻求的是立刻行之有效的解决方案。其实这是一种留在舒适区的阅读方法。在这个充满不确定性的年代，答案不会简单地出现在书里，因为生活根本就没有标准确切的答案，你也不能期望过去的经验能解决未来的问题。

而真正的阅读，应该在书中与智者同行思考，借他们的视角看到世界的多元性，提出比答案更重要的好问题，在不确定的时代中领先起跑。

湛庐阅读 App：与最聪明的人共同进化

有人常常把成本支出的焦点放在书价上，把读完一本书当作阅读的终结。其实不然。

时间是读者付出的最大阅读成本

怎么读是读者面临的最大阅读障碍

“读书破万卷”不仅仅在“万”，更重要的是在“破”！

现在，我们构建了全新的“湛庐阅读”App。它将成为你“破万卷”的新居所。在这里：

- 不用考虑读什么，你可以便捷找到纸书、电子书、有声书和各种声音产品；
- 你可以学会怎么读，你将发现集泛读、通读、精读于一体的阅读解决方案；
- 你会与作者、译者、专家、推荐人和阅读教练相遇，他们是优质思想的发源地；
- 你会与优秀的读者和终身学习者为伍，他们对阅读和学习有着持久的热情和源源不绝的内驱力。

下载湛庐阅读 App，
坚持亲自阅读，
有声书、电子书、阅读服务，
一站获得。

本书阅读资料包

给你便捷、高效、全面的阅读体验

本书参考资料

湛庐独家策划

- 参考文献
  为了环保、节约纸张，部分图书的参考文献以电子版方式提供
- 主题书单
  编辑精心推荐的延伸阅读书单，助你开启主题式阅读
- 图片资料
  提供部分图片的高清彩色原版大图，方便保存和分享

相关阅读服务

终身学习者必备

- 电子书
  便捷、高效，方便检索，易于携带，随时更新
- 有声书
  保护视力，随时随地，有温度、有情感地听本书
- 精读班
  2~4周，最懂这本书的人带你读完、读懂、读透这本好书
- 课　程
  课程权威专家给你开书单，带你快速浏览一个领域的知识概貌
- 讲　书
  30分钟，大咖给你讲本书，让你挑书不费劲

湛庐编辑为你独家呈现
助你更好获得书里和书外的思想和智慧，请扫码查收！

（阅读资料包的内容因书而异，最终以湛庐阅读App页面为准）

图书在版编目（CIP）数据

生长 ： 从战略到执行 / 语嫣著. -- 北京 ： 中国财政经济出版社， 2022.3
ISBN 978-7-5223-1077-0

Ⅰ. ①生… Ⅱ. ①语… Ⅲ. ①电子商务－商业企业管理－经验－中国 Ⅳ. ①F724.6

中国版本图书馆 CIP 数据核字（2022）第 006753 号

责任编辑：潘　飞　　　　责任校对：胡永立
封面设计：湛庐文化　　　责任印制：张　健

生长：从战略到执行
SHENGZHANG: CONG ZHANLUE DAO ZHIXING

中国财政经济出版社 出版
URL：http://www.cfeph.cn
E-mail:cfeph@cfemg.cn

社址：北京市海淀区阜成路甲28号 邮政编码：100142
营销中心电话：010-88191522
天猫网店：中国财政经济出版社旗舰店
网址：https：//zgczjjcbs.tmall.com
北京盛通印刷股份有限公司印装 各地新华书店经销
成品尺寸：147mm×210mm　32开　9.25印张　200 000字
2022年3月第1版　2022年3月北京第1次印刷
定价：99.90元
ISBN 978-7-5223-1077-0
（图书出现印装问题，本社负责调换，电话：010-88190548）
本社图书质量投诉电话：010-88190744
打击盗版举报热线：010-88191661　QQ：2242791300